विष्णु खरे

शीर्षस्थ वरिष्ठ कवि-अनुवादक-आलोचक-पत्रकार-सम्पादक विष्णु खरे हिन्दी के शायद एकमात्र मुख्यधारा लेखक हैं जिन्होंने विश्व-सिनेमा पर लगातार लिखते हुए उसे हिन्दी में उसका समुचित स्थान तथा पाठक-वर्ग दिलवाया है। उनका फ़िल्म-लेखन 1962-63 से इंदौर से प्रकाशित पाक्षिक 'सिनेमा एक्सप्रेस' से शुरू हुआ जिसके लिए उन्होंने तत्कालीन प्रसिद्ध अभिनेत्री गीता बाली का साक्षात्कार लिया था। तब से वह भारतीय तथा अन्य फ़िल्मोत्सवों के दर्शक रहे। अपने यूरोप प्रवास में उन्होंने 1971-73 के दौरान चेकोस्लोवाक प्राग फ़िल्म क्लब में उत्कृष्टतम विश्व-सिनेमा देखा। 1980 में रघुवीर सहाय ने 'दिनमान' में मुहम्मद रफ़ी पर उनका मृत्यु-लेख प्रकाशित किया जो उतने गम्भीर साप्ताहिक में किसी लोकप्रिय सिने-व्यक्तित्व पर उस तरह की पहली टिप्पणी थी। 1986-93 के बीच विष्णु खरे ने तत्कालीन सर्वाधिक प्रतिष्ठित हिन्दी दैनिक 'नवभारत टाइम्स' में सैकड़ों फ़िल्म-समीक्षाएँ और सिनेमा पर लेख लिखे। 1997-99 के बीच यही काम उन्होंने अंग्रेज़ी दैनिक 'दि पायनियर' में किया, कभी-कभी 'दि हिन्दुस्तान टाइम्स' के लिए भी। उनका हिन्दी सिने-लेखन, जो कई सौ मुद्रित पृष्ठों का होगा; 'जनसत्ता', 'भास्कर', 'अमर उजाला', 'जागरण', 'नई दुनिया' आदि दैनिकों और 'कथादेश', 'हंस' तथा 'उद्‌भावना' जैसी पत्रिकाओं में भी प्रकाशित हुआ है। वह भारतीय फ़िल्मोत्सव के राष्ट्रीय पैनोरैमा खंड के लिए फ़िल्म-चुनाव निर्णायकों में रहे और हिन्दी के एकमात्र फ़िल्म-समीक्षक रहे जो फ्रांस के 'कान' तथा 'ला रोशैल' सरीखे विश्वविख्यात फ़िल्मोत्सवों में आधिकारिक रूप से निमंत्रित किए गए और दो बार हॉलैंड के रोत्तर्दम फ़िल्म-समारोह में भी समीक्षक के रूप में भाग लिया। सिनेमा पर लिखी गईं उनकी पहली दो किताबें 'सिनेमा पढ़ने के तरीक़े' और 'सिनेमा से संवाद' सामान्य और विशेषज्ञ पाठकों तथा वरिष्ठ विद्यार्थियों के बीच लोकप्रियता और सराहना प्राप्त कर चुकी हैं।

निधन : 19 सितम्बर, 2018

प्रतिनिधि कविताएँ

विष्णु खरे

सम्पादक

केदारनाथ सिंह

राजकमल पेपरबैक्स

राजकमल पेपरबैक्स में
पहला संस्करण : 2017
दूसरा संस्करण : 2021

राजकमल पेपरबैक्स : उत्कृष्ट साहित्य के जनसुलभ संस्करण

राजकमल प्रकाशन प्रा.लि.
1-बी, नेताजी सुभाष मार्ग, दरियागंज
नई दिल्ली–110 002
द्वारा प्रकाशित

शाखाएँ : अशोक राजपथ, साइंस कॉलेज के सामने, पटना–800 006
पहली मंज़िल, दरबारी बिल्डिंग, महात्मा गांधी मार्ग, प्रयागराज–211 001
36-ए, शेक्सपियर सरणी, कोलकाता–700 017

वेबसाइट : www.rajkamalprakashan.com
ई-मेल : info@rajkamalprakashan.com

बी.के. ऑफ़सेट
नवीन शाहदरा, दिल्ली–110 032
द्वारा मुद्रित

मूल्य : ₹75

PRATINIDHI KAVITAYEN
by Vishnu Khare
Edited by Kedarnath Singh

ISBN : 978-81-267-2991-3

भूमिका

विष्णु खरे एक विलक्षण कवि हैं—लगभग लासानी। वे लम्बे समय से लिख रहे हैं—केवल कविता नहीं—गद्य भी। इन दोनों में वे समान रूप से जाने जाते हैं और इस तरह कि अलगाना मुश्किल है। पर मेरे जैसे पाठक के लिए वे मुख्यत: कवि हैं—एक ऐसा कवि जो गद्य को कविता की ऊँचाई तक ले जाता है और हम पाते हैं कि अरे, यह तो कविता है! ऐसा वे जान-बूझकर करते हैं—कुछ इस तरह कि कविता बनती जाती है—कि गद्य छूटता जाता है। पर शायद वह छूटता नहीं—कविता में समा जाता है।

ऐसे विष्णु खरे ने कुछ समय पहले जब एक दिन अचानक फोन किया कि मैं उनके लिए 'प्रतिनिधि कविताएँ' का चयन कर दूँ तो मैंने अपनी अक्षमता जानते हुए 'हाँ' कर दी—इस आश्चर्य के साथ कि इसके लिए उन्होंने मुझे क्यों चुना या मुझ पर भरोसा क्यों किया? उसका परिणाम है यह किताब—मुझसे जैसी बनी वैसी! इस भरोसे को मैं उनका 'विष्णु खरेपन' मानता हूँ—उनकी वही खासियत जिससे उनकी विलक्षण कविताएँ पैदा होती हैं।

यह भूमिका है। लम्बी नहीं लिखूँगा। कुछ बातें, जिनके चलते मैं उन्हें कवि मानता हूँ—बल्कि पूरा हिन्दी-पाठक वर्ग उन्हें कवि मानता है, उन्हीं का जिक्र करूँगा। वे लम्बी कविताओं

के कवि हैं—जैसे मुक्तिबोध लम्बी कविताओं के कवि हैं। पर दोनों में अन्तर है। मुक्तिबोध की लम्बाई लय के आधार को छोड़ती नहीं—धीरे-धीरे वह कम ज़रूर होता गया है। विष्णु खरे गद्य की पूरी ताकत को लिये-दिये चलते हैं—उसे तोड़ते-बिखेरते हुए, बीच-बीच में संवाद का सहारा लेते और जहाँ-तहाँ उसे डालते हुए चलते हैं और लय को न आने देते हुए। यह उनकी शैली है—हालाँकि वे कोई शैली बनाते नहीं, वह कवि के बावजूद बनती चली जाती है। भविष्य का पाठक पढ़ेगा तो उसे नज़रअन्दाज़ नहीं करेगा।

उदाहरण के लिए जिस कविता की चर्चा करूँगा वह है 'लालटेन जलाना'। इसे जब पहली बार सुना था—(पढ़ा बाद में) तो जिस चीज़ ने ध्यान आकृष्ट किया, वह थी तफ़सील की गहन बारीकी। वे लालटेन 'लिखते' नहीं, उसे 'देखते' हैं और इस तरह देखते हैं कि वह ज़िन्दा होती जाती है—जैसे कि कोई जला रहा हो। उससे जुड़ी एक-एक चीज़ हम देखते हैं और फिर से महसूस करते हैं। किसी चीज़ को शब्दों में ज़िन्दा कर देना एक कवि की सिफ़त है और विष्णु खरे के पास वह जादू है। यहाँ कोई कथा नहीं है—कोरी लालटेन है—सिर्फ़ उसकी स्मृतियाँ जो खुलती चली जाती हैं। जैसे क़स्बाई खूँटी पर वह उसी तरह टँगी हो! विष्णु खरे अतीत के कबाड़ से उसे फिर से ढूँढ़ लाते हैं। 'गुंग महल' इससे भिन्न कविता है। यहाँ भाषा को एक अलग विस्तार देते हुए वह इस तरह बरतते हैं कि उसकी हिन्दी अपनी विलक्षणता में अलग दिखाई पड़ती है। मैं उसे उर्दूपन नहीं कहूँगा, बल्कि हिन्दी में छिपी उसकी नई ताकत कहूँगा जो उसमें है और अकबर का दरबार उससे खुलता है। यह विष्णु खरे की शमशेरियत है, जिसमें उनका खरेपन मिला हुआ है। यह अलग हिन्दी का निर्माण करता है, जिसे मैं उसका विस्तार कहूँगा।

इस कविता की एक खास बात है कथा की बनावट। उसके अन्त में जो करुणा पैदा होती है—बोलने की जगह बच्चों का रोना-चीखना और कोई शब्द है नहीं भाषा में, इसलिए यही कहूँगा—करुणा। कवि यहाँ कई अन्य शब्दों और क्रियाओं का प्रयोग करता है पर जो बच रहता है उसे हिन्दी में 'करुणा' न कहें तो क्या कहें!

कई कविताएँ याद आ रही हैं और सबका ज़िक्र नहीं करूँगा। विष्णु खरे के यहाँ अच्छी कविताओं की संख्या लम्बी है और गद्य का वही ठाठ सर्वत्र बना रहता है। पर 'वाक्यपदीय' की चर्चा ज़रूर करूँगा। दरअसल कोई वाक्य यहाँ बनता नहीं—बीच की 'चुप्पी' के अलावा। कवि उसे छूना चाहता है—उस कथित-अकथित को शब्द में लाना चाहता है, पर वह हर वाक्य के बाद और-और गहन-अग्राह्य होता जाता है। असल में बोलने के भीतर छिपा वह अग्राह्य ही पकड़ में आता है और वाक्य बनता जाता है। कविता का लगभग एक अधूरे कथन के साथ समाप्त होना वह जगह है जहाँ कविता खतम होती है और 'वाक्यपदीय' पूरा होता है। यह अपने ढंग की अद्‌भुत कविता है जो विष्णु खरे ही लिख सकते थे।

ढेर सारी कविताओं को छोड़कर 'कोशिश' का ज़िक्र करना चाहूँगा, जो विष्णु खरे की पहली कविता है जो मैंने सुनी थी। किताब में वह स्वामीनाथन को समर्पित है और चिड़िया पर लिखी कविता और कहाँ जाएगी? असल में यह चिड़िया की मृत्यु पर लिखी कविता है और मेरे लिए आज भी उतनी ही दर्दनाक और रहस्यपूर्ण है जितनी पहली बार थी। उसकी व्याख्या नहीं करूँगा। बिना किसी तारीख के कविता दे दी गई है और कोई नहीं जानता उसके जन्म के बारे में। जानता मैं भी नहीं—सिर्फ़ अनुमान से उसे आरम्भिक कह रहा हूँ। वैसे तिथि का उल्लेख किसी कविता के साथ नहीं है

और इसे इस संग्रह का चरित्र-लक्षण माना जा सकता है। वैसे महाभारत से कवि का एक अलग रिश्ता है और 'लापता' उसका एक उदाहरण है। पर यह सिलसिला दूर तक जाता है और इस समय और इसके बाद तक वह बना रहने वाला है। यह कवि अपनी भाषा में एक महाभारत लिख रहा है—छोटा-सा गहन-गम्भीर और बेशक मारक भी!

अनुक्रम

टेबिल

उन्नीस सौ अड़तीस के आसपास
जब चीज़ें सस्ती थीं और फ़र्नीचर की दो-तीन शैलियाँ ही प्रचलित थीं
मुरलीधर नाज़िर ने एक फ़ोल्डिंग टेबिल बनवाई
जिसका ऊपरी तख़्ता निकल आता था
और पाये अंदर की तरफ़ मुड़ जाते थे
जिस पर उन्होंने डिप्टी कमिश्नर जनाब गिल्मोर साहब बहादुर को
अपनी ख़ास अंग्रेज़ी में अर्ज़ियाँ लिखीं
छोटे बाज़ार की रामलीला में हिस्सा लेने वालों की पोशाक
चेहरों और हथियारों का हिसाब रखा
और गेहुएँ रंग की महाराजिन को मुहब्बतनामा लिखने की सोची
लेकिन चूँकि वह उनके घर में ही नीचे रहती थी
और उसे उर्दू नहीं आती थी
इसलिए दिल ही दिल में मुहब्बतनामे लिख-लिखकर फाड़ते रहे
और एक चिलचिलाती शाम न जाने क्या हुआ कि घर लौट
बिस्तर पर यूँ लेटे कि अगली सुबह उन्हें न देख सकी
और इस तरह अपने एक नौजवान शादीशुदा लड़के
दो जवान अनब्याही लड़कियों और बहू और पोते को
मुहावरे के मुताबिक रोता-बिलखता लेकिन असलियत में मुफ़लिस
छोड़ गए

टेबिल, जिस पर नाज़िर मरहूम काम करते थे
और जो क़रीब-क़रीब नई थी,
मिली उनके बेटे सुंदरलाल को

जिनका एकमात्र सपना डॉक्टर बनने का था, उस बच्चे का बाप नहीं
जिसे असमय ही उनकी घरवाली ने उन पर थोप दिया था
ज़माना हुआ मंदी का, नौकरी मिलती नहीं थी
किसी ने जँचा दिया मिलिट्री की अस्पताली टुकड़ी में भर्ती हो जाओ
वहाँ डॉक्टर बना देते हैं
सो वे हो गए दाख़िल मेडिकल कोर में
और बर्मा फ़्रंट पर एकाध बार चोरी-छुपे घायल हुए
और भेजा अपनी घरवाली रामकुमारी को एक रोबीला फ़ोटो
जिसे रखा रामकुमारी ने टेबिल पर
और पालती रहीं तपेदिक़ बलग़मी रातों में
(दोनों ननदें गुज़र गईं एक के बाद एक
जिस तरह देर तक अनब्याही जवान लड़कियाँ
मर जाती हैं अचानक)
रखती रहीं फूल और ऊदबत्ती और उपास
और वह हारमोनियम भी वहीं रखा
जो कलकत्ते से मंडाले जाते वक़्त भिजवाया था सुंदरलाल ने और जिसे
लेने रामकुमारी
बच्चे के साथ गई थीं पहली और आख़िरी बार रेलवे माल गोदाम
और पहली और आख़िरी बार ही बैलगाड़ी पर
बैठकर आई थीं घर उसे छुड़वाकर

(ज़ाहिर है) बड़ी लड़ाई के दर्म्यान और बावजूद
टेबिल बमय हारमोनियम और फ़ोटो उसी कोने में खड़ी रही
और छँटनी के बाद भूतपूर्व जमादार सुंदरलाल मेन्शंड इन डिस्पैचेज़
जब वापस आए तो टेबिल पर पड़ी अपनी तस्वीर
और बिस्तर पर रामकुमारी को देखकर
उन्होंने उस तरह अपना चेहरा सिकोड़ा
जिसे बर्मा के जंगलों में मुस्कराहट समझने की उनकी आदत पड़ गई थी
और कहा—अच्छा

लेकिन कुछ भी (जिसमें रामकुमारी भी शामिल थीं)
अच्छा नहीं हुआ और
विधुर सुंदरलाल ने, जिनका विश्वास भावनाओं के
भद्दे प्रदर्शन में नहीं रह गया था,
अपना फ़ोटो तो टेबिल से हटा ही लिया
साथ ही रामकुमारी की भी तस्वीर उस पर नहीं रखी
क्योंकि कोई थी ही नहीं—फिर एक वाजिब अंतराल के बाद
वे बैठे टेबिल पर अर्ज़ियाँ लिखने
और बेकारी, बेगार, क्लर्की और मास्टरी से गुज़रते हुए
हैडमास्टरी को हासिल हुए
और उसी टेबिल पर केरल के ज्योतिषी को जन्मपत्री की नक़लें
शिक्षा-उपमंत्री को सुझाव
हाइस्कूल बोर्ड के सेक्रेटरी को इम्तहान की रिपोर्ट
संभाग शिक्षा निरीक्षक को तबादले की दलीलें
और मातहतों की कॉन्फ़िडेंशियल लिखते हुए
(और यह सब करते वक़्त एक असंभव तथा करुण आवाज़ निकालते हुए
जिसे वह अलग-अलग समयों पर अलग-अलग शास्त्रीय राग
के नाम से पुकारते थे)
पचास वर्ष की अपेक्षाकृत अल्पायु में एक सरकारी अस्पताल में मरे
और अपनी विधुर गृहस्थी का सामान टेबिल समेत छोड़ गए

अपने बेटे को जो अब बड़े शहर में
गंजा और भद्दा होता हुआ एक मँझोला अफ़सर था
और जो बाक़ी सामान को ठिकाने लगा
सिर्फ़ टेबिल, चूँकि वह फ़ोल्डिंग थी और आसानी से ले जाई जा सकती थी,
साथ ले आया
और जब फ़र्नीचर वाले ने कह दिया कि वह तो बहुत पुरानी हो चुकी है
और उस पर सनमाइका लगवाना भी बेकार है
तो उसने उस पर ग़ैरज़रूरी किताबें, पुराने ख़त, बेकार दवाइयाँ और

कंपनियों के सूचीपत्र,
टूटे और गुमे हुए तालों की चाबियाँ, जापानी दूरबीन
और टाइपराइटर की घिर्रियाँ रख दीं
जिनमें उसकी तीन बरस की लड़की की जायज़ और भरपूर दिलचस्पी थी
और जो टेबिल के पायदान पर खड़ी होकर
उसी तरह इस आश्चर्यलोक को फैली आँखों से देखती थी
जिस तरह चौबीस बरस पहले
यह अब गंजा और तुँदियल होता हुआ मँझोला अफ़सर
उझककर झाँकता था उस आईने में
जिसमें सुंदरलाल बाएँ गाल को जीभ से उभारकर
दाढ़ी बनाते हुए भैंगे होकर देखते थे
(नाक के तीखेपन और जबड़े की लंबाई में मरहूम मुरलीधर
का असर शायद पहचानते हुए)
और टेबिल के हिलने की वजह से
वह थोड़ा-थोड़ा हिलता था

अकेला आदमी

अकेला आदमी लौटता है बहुत रात गए या शायद पूरी रात बाद भी
घर के ख़ालीपन को स्मृतियों के गुच्छे से खोलता हुआ

अगर वे लोग होते अगर वे लोग होते
दिमाग़ में रह-रहकर एक अधखुला दरवाज़ा टकराता है
अगर वे लोग होते तो वह देखती प्रेम में या रोष में
उसके पीछे-पीछे
समय से पहले होशियार हो गई वह होती जागती हुई
छोटे दोनों सो चुके होते

शिकायत और कैफ़ियत के बाद
तीनों जागते हुए दोनों सोते हुओं को एक साथ प्यार करते
और वे कुनमुनाते और चौंकते नींद में
करवट बदलते हुए गालों को हाथों से ढँककर नन्हा प्रतिवाद करते हुए

अकेला आदमी उस समय लौटता है जब नल जा चुका होता है
रसोई की बत्ती जलाकर व्यस्त तिलचट्टों को व्यग्र करता है
पीतल की बाल्टी में परसों के पानी पर
चींटे के पंख जैसी इंद्रधनुषी जिल्द है
उसे निथारता है वह होती सोचता हुआ
बर्तनों पर उसके ही न होने की गर्द है
मनी-प्लांट की शीशियों में उसी की अनुपस्थिति की बू

व्यस्त होने के कई तरीक़े ईजाद करता है अकेला आदमी
बक्सों में भरे काग़ज़ों को सहेजना उनमें सबसे जटिल है
पहले ही हाथ में मिलता है वह ख़त जो उसे उसने कलकत्ता में लिखा था
पहली बार उसे पिता बनाने से पहले
पुरानी तस्वीरें आँखों में लिए वह स्मृतियों में विस्फारित है
देखते-देखते कितना वक़्त गुज़र गया की पिष्टोक्ति को
अचानक वास्तविक महसूस करते हुए

अकेला आदमी पाता है कि कुछ भी उसका नहीं है
घर को खोलने की गंध बड़ा आईना पुराने बक्स
पीले अख़बार अल्मारियों के हैंगर उसके नहीं हैं
कपड़े सुखाने की डोर फड़फड़ाते कैलेंडर
सब उनके हैं और सब उससे ऊबे हुए हैं
क्योंकि उसका होना उनमें कोई आवाज़ और अर्थ पैदा नहीं करता
उसकी अपनी किताबें और अपने रिकॉर्ड तक उसके नहीं हैं
उन्हें वह नन्हें उत्सुक हाथों की गिरफ़्त से वंचित

यूँ ही बिछा देता है और वे
बेजान पड़े रहते हैं अपनी सुरक्षा में

अकेला आदमी पहुँचता है बस्ती के ढाबे में रात गए
जब अलूमीनियम के ख़ाली भगोने मँजने लगे हैं
सिर्फ़ दाल और दही बचा है उसे बताया जाता है
इस उम्मीद में कि वह चला जाएगा
बहुत है वही लाओ कहकर वह बाहर
हिलती हुई कुर्सी पर बैठता है
एक बहुत छोटा मरियल कुत्ता बेहद ख़ुश
फुर्ती से दुम हिलाता उसके पास खड़ा हो जाता है
उनींदे भुनभुनाते हुए पहाड़ी लड़के द्वारा
टेबिल पर रखी इकट्‌ठी सीली रोटियों की तरफ़
चमकती कनखियों से देखता हुआ—
दाल से कंकड़ और दही से बाल सावधानी से अलग करता हुआ
वह तीसरी रोटी के बाद उठ खड़ा होता है
और इंतज़ार करता है कि बग़ल की दीवार से
मालिक वापस लौटे पैसे लेने के लिए
जिसकी औरत इस तरफ़ पीठ किए दिन-भर का गल्ला गिनती है
उसके हाथ की रेज़गारी की तरफ़ से उदासीन

कभी-कभी थोड़ी शराब पीकर और/या साथ लेकर
लौटता है अकेला आदमी
ख़ुद ही गिलास साफ़ करता है
डिब्बों को हिलाकर देखता है नमकीन किस में था
अकेले गिलास को बीच तक भरता है
सर में वह दर्द नहीं है उनके न होने की गूँज है
शराब रात और ग्रामोफ़ोन पर नौशाद का पुराना रिकॉर्ड
उसे कमज़ोर बना रहे हैं
और वह पुरानी फीकी साड़ी, सिले हुए स्कूली जूते

टूटी हुई गुड़िया और ग्राइप वॉटर की ख़ाली शीशी को
उठा-उठाकर बड़बड़ाने लगता है

वह वचन देने लगता है अनुपस्थित उसको
उसे सालने लगते हैं वे दुख
जो वह उसे लगातार देता आया है
हिसाब लगाता है कि अब तक वह उसे क्या दे सका है
घर की हर एक सस्ती चीज़ देखता है
जो महीनों के उधार पर लाई गई है
उसकी एड़ियाँ फट गई हैं और हाथ राख से खुरदरे
शरीर पर कोई उल्लेखनीय गहना नहीं
लेकिन कितनी ख़ुश और संतुष्ट है वह
जब अपने दस बरस पुराने लोहे के नीले बक्से में
अपना और अपने बच्चों का सामान सहेजती है

अकेला आदमी अपना आपा खो चुका है
ख़ुद पर तरस खाने की हदों से लौट-लौट रहा है
उसे याद आने लगी है पाँचवीं क्लास की उस साँवली लड़की की
जो एक मीठी पावरोटी पर ख़ुश
पैदल स्कूल जाती है निर्मम चौराहे पार करती हुई
याद आती है उससे छोटी की
जो उसे हाथ पर काटकर पिटी थी
और हमेशा ख़ुश उसकी जो अब चलना सीख रहा है
और अचानक थककर कहीं भी सो जाता है
अकेला आदमी छटपटाकर पाता है
कि वह उन सबसे बहुत प्यार करता है
बहुत-बहुत माफ़ी माँगता है
पूरे कपड़े पहने हुए सो जाता है
बिस्तर पर जिसमें उन सबकी गंध है
जिन्हें वह सपने में अपने साथ रेलगाड़ी में आते हुए देखता है

कोशिश

स्वामीनाथन के लिए

शाम को ख़ुश लौटती हुई चिड़ियों से मैं पूछना चाहता हूँ
एक अशुभ सवाल
कि आख़िर वे मरने के लिए कहाँ जाती हैं
लेकिन वे मेरी तरफ़ उसी तरह देखती या न देखती हुई गुज़र जाती हैं
जिस तरह पार्क की ठंडी बैंच पर बैठे हुए
ख़ाली निगाहवाले बूढ़े के पास से
स्कूल से लौटती हुई लड़कियाँ चली जाती हैं

चिड़ियों की मृत्यु मेरे लिए एक रहस्य है
और यहाँ मेरा अर्थ पिंजरों में लटकाए गए
पक्षियों की मौत से नहीं है जिनके पंजों से
तीलियों को छुड़ाना कठिन हो जाता है—
और अचानक उड़ान में बिजली के तारों
या मोटर के पहियों में फँस गए कौओं के शरीर से भी
मैं उसे समझने की कोशिश नहीं करूँगा
क्योंकि आदमियों और आदमियों की चीज़ों के संपर्क से
आई हुई चिड़ियों की मृत्यु मेरा विषय नहीं है

नहीं मैं देखना चाहता हूँ चिड़िया को उस क्षण में
जब वह आख़िरी उड़ान के पहले अपने आप निश्चित करती है
कि यह उसकी आख़िरी उड़ान है
और बिल्कुल पहले ही की तरह
उठ जाती है घड़ियों और नक्शों के बाहर
उस जगह के लिए जहाँ एक असंभव वृक्ष पर बैठकर चुप होते हुए
उसे एक अदृश्य चिड़िया बन जाना है. देखना ही चाहता हूँ
क्योंकि न मैं चिड़ियों का संकल्प पा सकता हूँ और न उड़ान
मैं सिर्फ़ अपनी मृत्यु में उनकी कोशिश करना चाहता हूँ

चे

वक़्त साधती बहसों और धूर्त समझौतों के बाद
एक तंग आदमी को कोई हाथ का काम दो
और एक-दूसरे की तरफ़ न देखकर भी समझ लेने वाले चंद दोस्त
और खुले आसमान के नीचे असंभव पड़ाव
जहाँ से सब कुछ एक बहुत गंभीर मज़ाक़ की तरह संभव हो
फिर हो एक लंबा और बेरहम मुक़ाबला
जिसमें कुछ भी अक्षम्य न हो
निर्मम हमलों आगे बढ़ने पीछे हटने
कुछ उनके लोग गिरा देने कुछ अपने साथी गँवा देने
और चिरायंध और अँतड़ियों के पहले दर्म्यान और बाद
सब कुछ जायज़ हो

फिर विजय हो या उसका एकमात्र विकल्प
एक आजिज़ आए हुए शख़्स की
स्थिर होती हुई लेकिन खुली आँख हो
मँडराते हुए उतरते गीध की पैनी आँख में सीधे देखती हुई
जो पराजय तो बिलकुल नहीं है
कुछ और वह हो या न हो

डरो

12 जुलाई, 1976

कहो तो डरो कि हाय यह क्यों कह दिया
न कहो तो डरो कि पूछेंगे चुप क्यों हो

सुनो तो डरो कि अपना कान क्यों दिया
न सुनो तो डरो कि सुनना लाज़िमी तो नहीं था

देखो तो डरो कि एक दिन तुम पर भी यह न हो
न देखो तो डरो कि गवाही में बयान क्या दोगे

सोचो तो डरो कि वह चेहरे पर न झलक आया हो
न सोचो तो डरो कि सोचने को कुछ दे न दें

पढ़ो तो डरो कि पीछे से झाँकने वाला कौन है
न पढ़ो तो डरो कि तलाशेंगे आजकल क्या पढ़ते हो

लिखो तो डरो कि उसके कई मतलब लग सकते हैं
न लिखो तो डरो कि नई इबारत सिखाई जाएगी

डरो तो डरो कि कहेंगे डर किस बात का है
न डरो तो डरो कि हुकुम होगा कि डर

उल्लू

नीचे शादी की रंगीन जगह पर लोग इकट्ठा हैं
एक शादी के लिए और उनकी गाड़ियाँ और औरतें हैं
इधर ऊपर चर्च के कँगूरे पर जहाँ शाम की धूप
आधे दिल से कोशिश कर रही है ठहर जाने की
अपने कोटर से असमय बाहर निकल आया उल्लू
पहले अपने सारे पर फुलाता है
और एकाध बार पूरे शरीर को झटक
गरदन मोड़कर कुछ इस तरह से सुरसुराते हुए भुनगों को ढूँढ़ता है
कि लगता है कि सिर्फ़ उसका धड़ क्रॉस के नीचे बैठा हुआ है

ऊपर 'असमय' शब्द का इस्तेमाल किया गया है
किंतु कोई नहीं जानता कि उल्लुओं का और ख़ासकर इस उल्लू का
कोटर से निकल आने का सही वक़्त क्या होता है
कहावतें अक्सर असुविधापूर्ण अपवादों की उपेक्षा करती हैं
और रात के पहले इसका निकलकर वहाँ धूप में बैठ जाना
जिधर एक तरफ़ यह ग़लत सिद्ध करता है कि वह रात में ही बाहर आता है
वहीं दूसरी तरफ़ यह भी शक पैदा करता है कि उल्लू को—
कम से कम इस उल्लू को—
डूबता हुआ सूरज देखना अच्छा लगता है
यह बात और है कि इस वक़्त सूरज ऐन उसके पीछे है

पेड़ों की छत पर और भी आवाज़ें और हलचलें हैं
मसलन तोतों की बहुत तीख़ी वास्तविकतावादी चीख़ें
और उन भूरी चिड़ियों का सामूहिक मतभेद
जिनका चेहरा देर तक ब्याही या अनब्याही औरतों की तरह
नाराज़ शक्की और पैना होता है
और नीचे पादरी का सामयिक प्रवचन
और धर्मगीतों का गायन—
धूप में संगीत को न जाने क्या हो जाता है—
किंतु उल्लू जिसकी आँखें अन्य पक्षियों की तरह कनपटियों पर न होकर
आदमी की तरह माथे के एकदम नीचे होती हैं
गर्दन घुमाकर चारों ओर देख लेता है
भरे हुए स्टेडियम में उस खिलाड़ी की तरह ऊबा हुआ
जिसकी दौड़ अभी शुरू होने को है

उल्लू को कितने रंग दिखते हैं यह बताना कठिन है
लेकिन यह मानने के सभी कारण हैं
कि गिरजाघर में शादी के रजिस्टर पर सही हो जाने के बाद

जब लोग क़रीब-क़रीब उसके नीचे से गुज़रे
तो यदि उसने उनकी पोशाकों के रंग को नहीं देखा होगा
तो उनके निर्जीव पैरों और ठहाकों को ज़रूर सुना होगा—
ऐसी कोई कहावत नहीं है जो दिन में उल्लू को बहरा भी सिद्ध करती है—
उधर हरे तोते और भूरी चिड़िया भी चुप हो गए या/याने लौट गए हैं
और घिरते हुए चुप अंधकार में
उल्लू ज़रा ध्यान से दिखने वाला एक अविश्वसनीय धब्बा है
जो अब किसी भी समय टूट सकता है नीचे की तरफ़
उस बिजली की तरह
जिसके लपकते हुए नाख़ून हैं फाड़ती हुई चोंच है और धधकती हुई आँखें हैं

देर से आने वाले लोग

ढाबे में देर से आने वाले लोग
कोने में मोरी के पास राख से जूठी थाली-कटोरियाँ
माँजते हुए बर्तन वाले के हाथ की मंद
और काम ख़त्म होने की राहत वाली लय पर
सिर नीचा किए सीढ़ियाँ चढ़ते हैं
और वैसे ही प्रत्याशित 'आह' बग़ैर बैठ जाते हैं

रात साढ़े दस बजे सारी गाड़ियाँ
आ-जा चुकी होती हैं और चारों रसोइए चौके से बाहर
पाटों पर अधलेटे हुए या तो शरीर के विभिन्न जोड़ खुजाते हैं
या कानों के पीछे अटकाई हुई बीड़ियाँ
या तकियों के नीचे दबी सचित्र पुस्तकें निकालते हैं

ढाबे में देर से आए हुए लोग
जितनी कुर्सी-टेबिलें अभी लगी हुई बची हैं

उन पर बैठे इंतज़ार करते हैं
और कोई एक परोसगार भुनभुनाता हुआ उठता है
और दो घंटे पहले से लगी हुई थालियाँ
उनके सामने सायास रखता है
वे आँखें उठाकर न परोसगार को देखते हैं और न थाली में—
बस हाँफती हुई उँगलियाँ कौर तोड़ती और बनाती और मुँह तक ले जाती हैं

उन्होंने कई बार आलुओं से माचिस की तीलियों को
और थालियों के किनारे चिपकी हुई
सूखी दाल सरीखी किसी चीज़ को निकाला है
बर्तन वाले को वहीं पेशाब के लिए झुकते
और बड़े रसोइए को उस नए नेपाली लड़के को गोद में बैठाकर
प्यार करने की कोशिश करते हुए देखा है
किंतु यह सभी जानते हैं
कि ढाबे में देर से आने वाले लोग कुछ नहीं कहते

ढाबे में देर से आने वाले ये लोग परिचय बिना
एक-दूसरे को जानते हैं इसलिए एक मौन संधि में भोजन करते हैं
यदि भूल से आँखें मिल भी जाती हैं तो न उनमें पहचान की चमक
हिलती है और न अभिवादन के लिए हाथ या सिर
खा चुकने के बाद जब वे नल पर पहुँचते हैं तो उनके बीच आज के खाने
दुनिया तक़दीर घर वग़ैरह पर वह चर्चा नहीं होती
जो वक़्त से आनेवालों में कुल्ले ख़ख़ार और डकार के दर्म्यान
खड़े-खड़े होती है

ये लोग कौन हैं यह बताना मुश्किल है
शायद सेठ को ही धुँधली तौर पर कुछ अंदाज़ है
लेकिन वह इतना पक्का जानता है कि इन्हीं की वजह से
उसे महीने-भर दोनों वक़्त ढाबे के बंद होने तक बैठना पड़ता है

जो जाते-जाते
उससे धीमे इज़्ज़तदार स्वर में बात करते हैं
और वह सामने फकीरचंद डॉक्टर की डिस्पेंसरी तक पहुँचने वाली
आजिज़ आवाज़ में इनसे पेश आता है

ढाबे में देर से आने वाले ये लोग
जब उतरते हैं तो बावजूद इसके कि वे
अपनी ऊँचाई के कुछ इंच ऊपर ही छोड़ आते हैं सिर झुकाए नीचे आते हैं
उनके ऊपरी ओंठ पर पसीने की हल्की लकीर होती है ठंड में भी
और नीचे अगर सड़क सुनसान हो तो भी
वे आसपास नहीं देखते क्योंकि उन्हें मालूम है
कि ज़ीने से लगकर बैठा हुआ पानवाला उनकी ओर
जानकार निगाहों से निर्निमेष देख रहा होगा
और उनकी गंध अगर लग गई
तो ऊँघते हुए कुत्ते जागकर देर तक भूँकते रहेंगे

गूँगा

वह एक छोटा कौआ है जो अभी उड़ना सीख नहीं पाया है
घिरा हुआ और घबराया हुआ
उसके काले पंख कुछ कम काले हैं मटमैला शरीर कुछ ज़्यादा उजला
वह लँगड़ाता हुआ फुदक रहा है
और चीख़ने के लिए जब चोंच खोलता है तो वह लाल है अंदर से

लड़कों ने उस पर पत्थर फेंके हैं
और वह फड़फड़ाकर यहाँ-वहाँ असफलता से घुसा है
ऊपर मँडराते हुए कौओं का और नीचे पिछवाड़े बँधे हुए कुत्तों का
शोर इतना तेज़ है

कि घबराई हुई माँएँ निकल आती हैं घरों के पीछे
और डरी हुई रोकती हैं लड़कों को उसे मारने से

गूँगे की माँ नहीं है अभी कि उसे रोके
वह लपककर छोटे कौए को हाथों में पकड़ लेता है
और आतंकित और उत्तेजित लड़कों और औरतों के बीच से
भाग जाता है लोहे के अपने दरवाज़े की तरफ़
लड़कों का झुंड उसके पीछे है
और कौए शोर करते हुए उसके साथ उड़ते हैं

गूँगे के हाथ की पकड़ भरपूर है
छोटा कौआ पहले उसे आश्रय समझा होगा
किंतु अब वह असहायता और आतंक की अंतिम दशा में है
पाँच अंगुलियों में कसा हुआ चुपचाप
गूँगे की आँखें देखती हैं कौए की आँख में
कौए का गरम जिस्म और घबराया हुआ दिल
धड़कता है और उसकी गिरफ़्त में और जब भी
वह हिलता है तो गूँगा उसे मारता है सिर पर
झटके और वार के कारण कौए की चोंच खुलती है
जिसका अंदरूनी रंग गूँगे के मसूढ़ों की तरह लाल है

नीचे मँडराते हुए कौओं से बचकर
गूँगा छिपा हुआ है कोठी के गैराज में
छोटे कौए को हाथ में लिए हुए
उसे कुछ देर तक देख-देखकर मारता हुआ या अपने तईं पुचकारता हुआ
और कौआ अब बहुत चुप है
यदि उसे दिमाग़ मिला होता
जो गूँगे से भी छीन लिया गया था दस बरस पहले

तो इस वक़्त वह शायद सोचता
कि यह किसके क्या किए की सज़ा कौन उसे दे रहा है

लड़के इकट्ठा हैं लोहे के दरवाज़े के पास
उड़ते हुए कौओं के मँडराने और शोर में कुछ परेशानी है
गूँगे के हाथ के छोटे कौए ने
अब गर्दन डाल दी है और वह
उसकी आँख खोलने के लिए उसे हिलाता है

दौड़कर दरवाज़े के पास चुप खड़े लड़कों के पास जाता है
जो उसके हाथ में अब बेहरकत पड़े हुए कौए को
लेना नहीं चाहते
और उसकी पीठ पर मारकर
दूर नाली में फेंक आने को कहते हैं

गूँगा जाता है अपनी मुट्ठी में सोए हुए-से
छोटे कौए पर सर झुकाए हुए
शोर करते हुए कौए उसके ऊपर उड़ रहे हैं
लेकिन अब वह डर से परे है
नाली के पास पहुँचकर उसे फेंक देता है
घास-उगे पानी में एक हलकी छप की आवाज़ होती है

गूँगा खड़ा देखता है
मुँदी आँख बंद चोंच और गीले होते हुए डैनों को

पार्क की ज़मीन पर कुछ दूर कौए बैठ गए हैं

उसके लौटने के इंतज़ार से जब लड़के परेशान हो जाते हैं
तो क्या कर रहा है यह देखने पार्क में आते हैं

उसे नाली के पास वाली टूटी पुलिया पर
छोटा कौआ हाथ में लिए रोता हुआ पाते हैं

लड़कियों के बाप

वे अक्सर वक़्त के कुछ बाद पहुँचते हैं
हड़बड़ाए हुए बदहवास पसीने-पसीने
साइकिल या रिक्शों से
अपनी बेटियों और उनके टाइपराइटरों के साथ
क़रीब-क़रीब गिरते हुए उतरते हुए
जो साइकिल से आते हैं वे गेट से बहुत पहले ही पैदल आते हैं

उनकी उम्र पचपन से साठ के बीच
उनकी लड़कियों की उम्र अठारह से पच्चीस के बीच
और टाइपराइटरों की उम्र उनके लिए दिए गए किराए के अनुपात में

क्लर्क-टाइपिस्ट की जगह के लिए टैस्ट और इंटरव्यू हैं
सादा घरेलू और बेकार लड़कियों के बाप
अपनी बच्चियों और टाइपराइटरों के साथ पहुँच रहे हैं

लड़कियाँ जो हर इम्तहान में किसी तरह पास हो पाई हैं
दुबली-पतली बड़ी मुश्किल से कोई जवाब दे पाने वालीं
अंग्रेज़ी को अपने-अपने ढंग से ग़लत बोलने वालीं
किसी के भी चेहरे पर सुख नहीं
हर एक के सीने सपाट
कपड़ों पर दाम और फ़ैशन की चमक नहीं
धूल से सने हुए दुबले चिड़ियों जैसे साँवले पंजों पर पुरानी चप्पलें

इम्तहान की जगह तक बड़े टाइपराइटर मैली चादरों में बँधे
उठाकर ले जाते हैं बाप
लड़कियाँ अगर दबे स्वर में मदद करने को कहती भी हैं
तो आज के विशेष दिन और मौक़े पर उपयुक्त प्रेमभरी झिड़की से मना कर देते हैं
ग्यारह किलो वज़न दूसरी मंज़िल तक पहुँचाते हुए हाँफते हुए

इम्तहान के हॉल में वे ज़्यादा रुकना चाहते हैं
घबराना नहीं वग़ैरह कहते हुए लेकिन किसी भी जानकारी के लिए चौकन्ने
जब तक कि कोई चपरासी या बाबू
तंग आकर उन्हें झिड़के और बाहर न कर दे
तिस पर भी वे उसे बार-बार हाथ जोड़ते हुए बाहर आते हैं

पता लगाने की कोशिश करते हुए कि डिक्टेशन कौन देगा
कौन जाँचेगा पर्चों को
फिर कौन बैठेगा इंटरव्यू में
बड़े बाबुओं और अफ़सरों के पूरे नाम और पते पूछते हुए
कौन जानता है कोई बिरादरी का निकल आए
या दूर की ही जान-पहचान का
या अपने शहर या मोहल्ले का
उन्हें मालूम है ये चीज़ें कैसे होती हैं

मुमकिन है कि वे चाय पीने जाते हुए मुलाज़िमों के साथ हो लें
पैसे चुकाने का मौक़ा ढूँढ़ते हुए
अपनी बच्ची के लिए चाय और कोई खाने की चीज़ की तलाश के बहाने
उनके आधे अश्लील इशारों सुझावों और मज़ाक़ों को
सुना-अनसुना करते हुए नासमझ दोस्ताने में हँसते हुए
इस या उस दफ़्तर में लगे हुए या मुल्क के बाहर बसे हुए
अपने बड़े रिश्तेदारों का ज़िक्र करते हुए

वे हर अंदर जाने वाली लड़की से वादा लेंगे
कि वह लौटकर अपनी सब बहनों को बताएगी कि क्या पूछते हैं
और उसके बाहर आने पर उसे घेर लेंगे
और उसकी उदासी से थोड़े ख़ुश और थोड़े दुखी होकर उसे ढाढस बँधाएँगे
अपनी-अपनी चुप और पसीने-पसीने निकलती लड़की को
उसकी अस्थायी सहेलियों और उनके पिताओं के सवालों के बाद
कुछ दूर ले जाकर तसल्ली देंगे
तू फिकर मत कर बेटा बहुत मेहनत की है तूने इस बार
भगवान करेगा तो तेरा ही हो जाएगा वग़ैरह कहते हुए
और लड़कियाँ सिर नीचा किए हुए उनसे कहती हुईं पापा अब चलो

लेकिन आख़िरी लड़की के निकल आने तक
और उसके बाद भी
जब इंटरव्यू लेने वाले अफ़सर अंग्रेज़ी में मज़ाक़ करते हुए
बाथरूम से लौटकर अपने-अपने कमरों में जा चुके होते हैं
तब तक वे खड़े रहते हैं
जैसा भी होगा रिज़ल्ट बाद में घर भिजवा दिया जाएगा
बता दिए जाने के बावजूद
किसी ऐसे आदमी की उम्मीद करते हुए जो सिर्फ़ एक इशारा ही दे दे
ऑफ़िस फिर ऑफ़िस की तरह काम करने लगता है
फिर भी यक़ीन न करते हुए मुड़-मुड़कर पीछे देखते हुए
वे उतरते हैं भारी टाइपराइटर और मन के साथ
जो आए थे रिक्शों पर वे जाते हैं दूर तक
फिर से रिक्शे की तलाश में
बीच-बीच में चादर में बँधे टाइपराइटर को फ़ुटपाथ पर रखकर सुस्ताते हुए
ड्योढ़ा किराया माँगते हुए रिक्शेवाले और ज़माने के अंधेर पर बड़बड़ाते हुए
फिर अपनी लड़की का मुँह देखकर चुप होते हुए
जिनकी साइकिलें दफ़्तर के स्टैंड पर हैं
वे बाँधते हैं टाइपराइटर कैरियर पर

स्टैंड वाला देर तक देखता रहता है नीची निगाहवाली लड़की को
जो पिता के साथ ठंडे पानी की मशीनवाले से पाँच पैसा गिलास पानी पीती है
और इमारत के अहाते से बाहर बैठती है साइकिल पर सामने
दूर से वह अपने बाप की गोद में बैठी जाती हुई लगती है

द्रौपदी के विषय में कृष्ण

कितना समय बीत गया जब तुमने मुझे अंतिम बार पुकारा था
वह बहुत बड़ी शूरवीरता नहीं थी दोनों या तीनों बार
लज्जित भीरुता और उद्दंड कायरता के बीच से
केवल एक सामान्य साहस में तुम्हारे समीप होने की छोटी-सी बात थी
हर बार जब लौटा तो जानता था कि जो कुछ तुमने कहा
उसे लोग स्तुति या पुकार कहकर निस्सार कर देंगे
तुम पाँच योद्धा पतियों की साध्वी पत्नी
मैं सहस्रों गोपियों तथा पटरानियों का संदिग्ध भोक्ता
राधा के मुग्ध प्रेम की अनेक कथाओं का नायक
जिसका उल्लेख-मात्र मुझे बाद में संकोच और झुँझलाहट से भर देता था
किंतु किसे विश्वास होगा कि तुम्हारे मुख पर सदैव ऐसा कुछ था
कि प्रासाद में अकेले छोड़ दिए गए हम
परस्पर अर्थों को अंतिम सीमाओं तक समझते हुए
एक-दूसरे के स्पर्श तक की इच्छा नहीं करते थे
चुप विदा होते हुए जब मैं लौटता था
तो इंद्रप्रस्थ से द्वारका के लंबे रास्ते में
वह रथ की घरघराहट नहीं
तुम्हारी वाणी की गूँज तुम्हारी आँखों की दीप्ति होती थी
और दारुक पीछे मुड़-मुड़कर व्यग्र होता था

फिर मैंने देखा अपने ही सामने
तुम्हारे और मेरे बांधवों और प्रियजनों को मरते हुए

तुम्हें देखा शिविर में लौटते हुए अपने पतियों की सुश्रूषा करते हुए
और यह सब उस समय जब मैं अर्जुन से कह रहा था
और कृपाचार्य को सफल होते देख रहा था
कौरव तथा पांडव मेरी मुस्कराहट से संभ्रमित होते होंगे
किंतु पूरे कुरुक्षेत्र पर मैं तुम्हारी आँखें देखता था
उन्हीं के कारण कदाचित् मित्रों से इतनी दूर
द्वारका में आ बसा मैं

अब यह मेरा अंतिम क्षण है
सारी भविष्यवाणियों शापों अपशकुनों को चरितार्थ करता हुआ
सदा की भाँति हतप्रभ दारुक अभी-अभी गया है
और मैं बैठा हुआ हूँ प्रतीक्षा में कि वह मूढ़ व्याध जरा आए
और मेरे तलुए को मृग का मुख समझे
पटरानियाँ जिनके नाम भी ठीक से स्मरण नहीं कर सकता
जो अब अधेड़ भी नहीं रहीं
उन्हें अपने बूढ़े मित्र तुम्हारे अब अशक्त पति
अर्जुन के हवाले कर दिया है
धैर्यहीन सागर बार-बार द्वारका के तट से लौट रहा है
कोई संदेश नहीं है तुम्हारे लिए मेरे पास
हमारे बीच वह आवश्यक ही कब था
हाँ देख रहा हूँ तुम्हें पीछे लिए हुए तुम्हारे पतियों का प्रस्थान
सबसे पहले तुम्हारा गिरना और छोड़ दिया जाना—
अपने सदाशय दंभ में कुरु के वंशजों ने मुड़कर सत्य को बहुत कम देखा—
तब शरीर से अलग होकर तुम कहोगी कृष्ण और पाओगी
कि मैं पहले ही की दूरी पर तुम्हारे समीप हूँ
हम चलेंगे साथ-साथ तुम्हारे पतियों को एक-एक कर गिरता देखते हुए
सुनते हुए तुम्हारे सबसे बड़े पति के सदा की तरह धर्मप्राण वाक्य
तुम उन सबकी इस अंतिम पावन अहम्मन्यता पर मेरी ओर देखती हुईं
और मैं मुस्कराता हुआ किंतु तुम्हें नहीं मालूम होगा और मुझे भी नहीं

कि जाने क्यों वर्षों से विस्मृत बाँसुरी और उस पर आती राधा का
अचानक स्मरण करता हुआ

गीध

जिस सड़क का नाम
सिकंदर या ऐसे ही नामवाले किसी आदमी पर रखा गया है
जो पुराने और नए शहरों को अलग करती है
जिस पर दोपहर के चार बजे से साढ़े छह बजे तक
सैकड़ों वाहनों में हज़ारों आदमी इधर से उधर होते हैं
उसके बीचों-बीच और ठीक उस दर्म्यान एक गीध बैठा हुआ है

न वह कमउम्र है न अपाहिज न बीमार
न वह बँधा हुआ है और न उसे वहाँ छोड़ा गया है
अपने दोनों तरफ़ से गुज़रने वाले
कई तरह के पहियों से फुदककर बचता हुआ
वह ठीक वहीं बैठा हुआ है जहाँ सड़क को दो हिस्सों में बाँटनेवाले
सफ़ेद निशान हर महीने लगाए जाते हैं

गीध के संदर्भ में फुदकना क्रिया का इस्तेमाल
कुछ हास्यास्पद और ग़ैरवाज़िब है तथा हिंदी में
कतिपय आवश्यक क्रियापदों के दुःखद अभाव को रेखांकित करता है
सही यह होगा
—यद्यपि यहाँ भी विवश होकर कुछ लंबे रूपकों का सहारा लेना होगा—
कि वह अपने को इस तरह अनायास बचा रहा था
जैसे बाँसों के नाच में नाचनेवाला ताल और लय में
अपने पैरों को डंडों के बीच फँसा लिए जाने से बचाता है या
जैसे झाबुआ का भील राष्ट्रपर्व की परेड के बाद शाम को
शहरी लिबास और तालकटोरा में भी अपना आदिमपन नहीं खोता

तेज़ी से आती हुई गाड़ियों के स्टियरिंग–व्हील कँपते हैं
वहाँ पहुँचकर स्कूटरवाले अचानक छिटकते हैं
साइकिलवाले दूर हटकर निकल जाते हैं
बस–स्टॉप पर खड़ी औरतों का कलेजा मुँह में आ जाता है
सबकी निगाहों में अशुभ का सशंक आतंक है
जब वह उनकी आँखों में
अपनी रोमहीन गर्दन को समूची कुरूप शान में देखता है
अपने मज़बूत पंखों और टेढ़ी चोंच को हर हरकत के साथ थोड़ा खोलता हुआ

वह कुचला तो बिलकुल नहीं गया शाम को लौटते वक़्त
सड़क पर कोई धब्बा और पंख न देखकर सोचा
लेकिन एक पुरानी हिंदुस्तान बिजली के खंभे को मोड़ती
फ़ुटपाथ पर सूनी चढ़ी तेल के चकत्तों में खड़ी थी
एक मारुचि वैन चकनाचूर
ईंटों के घेरे में उलटी हुई थी
सोचा कि लाशें या घायल ले जाए जा चुके होंगे और यह कि
सब जानते हैं गीध मीलों ऊपर से देख लेता है
और कोसों उड़कर चला आता है
लेकिन जो अभी नहीं हुआ है
उस अगोचर को पहले ही सड़क पर देख लेता होगा
और एहतियातन वक़्त रहते उतर आता होगा
इस नामुमकिन–सी संभावना पर पहले नहीं सोचा था

हमारी पत्नियाँ

औरतों पर मर्दों के ज़ुल्म के बारे में बहुत–कुछ कहा गया है
पत्नियों पर पतियों की क्रूरताओं को भी
सामान्यजन तथा विशेषज्ञों ने

विभिन्न कोणों से देखा है
वे सचाइयाँ अपनी जगह होंगी
लेकिन यहाँ कुछ और ही संकेत अभीष्ट हैं

यदि हम सजग और संवेदनशील व्यक्ति हैं
और ऐसा मानने में झूठा संकोच कैसा कि हम हैं
तो हमने ग़ौर किया होगा
कि किस तरह हमारे लिए हमारी पत्नियों की ज़िंदगी
सिर्फ़ उस दिन से शुरू होती है
जब हमने उन्हें पहली बार देखा था—
उसके पहले के उनके जीवन के बारे में
एक ही शंका हम अपने अंदेशे को छेड़छाड़ में छिपाते हुए
लगभग आजीवन उनकी बनिस्बत अपने से करते हैं
कि हमसे पहले कोई और तो नहीं था

अपनी पत्नियों से हम अपेक्षा नहीं करते
कि उन्हें याद आए अपने अतीत की
पत्नियों और उनकी सहेलियों का कैशोर्य
हमें सिर्फ़ उनकी कुछ संभावित स्त्रियोचित अंदरूनी बातें जानने के लिए
दिलचस्प लगता है
उनमें भी एक सीमा के बाद हम झाँकना नहीं चाहते

इसलिए जब हमारी पत्नियाँ लौटती लगती हैं
अपने पुराने दिनों में तो हम घबरा जाते हैं
उनकी स्मृतियों को काटने की कोशिश करते हैं
हम अपने अतीत से
जो हमें ज़्यादा दिलचस्प संघर्षमय और अर्थवान लगता है
हम नहीं चाहते कि हमारी पत्नियों को याद आएँ
उनके पिता की जय पराजय उनकी माँ का दमकता या कुम्हलाता हुआ चेहरा
उनके खिलंदड़े या गुमसुम भाई-बहन

उनका पुराना घर स्कूल-कॉलेज रास्ते और पिकनिकें
और जो सौंदर्य और कुरूपताएँ उन्होंने जाने
क्योंकि उनके पास इतनी सारी स्मृतियों का होना
हमें एक लाचार डर से भर देता है

यह बिलकुल वैसा ही है जैसे कभी संयोगवश
काम से जल्दी घर लौटने के रास्ते में
पारिवारिक होने की इच्छा से प्रेरित
हम कुछ सौदा-सुल्फ़ याद करते ख़रीदने रुकते हैं
और देखते हैं
अपनी पत्नियों को आटे की चक्की पर
या राशन की दूकान बिजली के मिस्त्री या डबलरोटीवाले के सामने
अपने कई रूपों में
और पहचानते हुए भी हम उनमें एक अजनबी औरत देखते हैं
जिसके कंधे पर हमने हाथ रखा तो
पलटकर वह एक लम्हे के लिए
एक तटस्थ अपरिचित निगाह से या कुछ तमककर हमें देखेगी
और भले ही उसके बाद वह ख़ुश हो
घर लौटकर हम यही कहेंगे कि
देखता हूँ इन लोगों से डील करना तुम्हें अब तक नहीं आया

हमारी पत्नियाँ हमारी अनुपस्थिति में क्या करती हैं
यह जानने से हम इसलिए नहीं कतराते
कि वह हमारे लिए शर्मनाक होगा
बल्कि इसलिए कि वह जान लेने के बाद हम जान जाएँगे
कि हमारे और अपनों के लिए ही सब-कुछ करने की प्रक्रिया में
वे ख़ुदमुख़्तार शख़्सियत होने लगती हैं
और यह ख़याल ही हमें असुविधा में डाल देता है

सबसे भयावह तो है पत्नियों का
कभी-कभी अकेले अपने आप से बात करना
और उसके बीच एकाध बार हलके से हँसना—
उनका अचानक चुप हो जाना और घर के एक कोने में बैठकर
अकेले धूप या बारिश या न कुछ को देखना भी
हमें व्यग्र करता है—
याद होगा कितनी ही बार हमें उनसे अधिक लाड़ करने का नाटक
उनके ऐसे निजीपन को नष्ट करने के लिए भी करना पड़ा है

अपनी पत्नियों को बहुत सुरक्षा देना चाहते हैं हम
उन्हें जीवन का हर सुख देना चाहते हैं
अपने हर किए पर उनकी राय सिर्फ़ इसलिए जानना चाहते हैं
कि वे उसकी ताईद करें या कम से कम अपनी राय न दे सकें
हमें एक साँसत भरी राहत मिलती है
उन्हें अत्यधिक सफल और महत्त्वाकांक्षी देखकर भी
ज़्यादतियों के अनूठे नुस्ख़े आज़माते हैं हम अपनी पत्नियों पर
बचाना चाहते हैं अपनी पत्नियों को
ज़माने की बदशक्ली से
और उनसे जिन्हें हम सही या ग़लत उनकी ग़लतियाँ या बेवकूफ़ियाँ समझते हैं
ताकि वे उस तरह संपूर्ण और जटिल न बन सकें
कि हर बार उन्हें उन्हीं की शर्तों पर समझना पड़े

दिल्ली में अपना फ़्लैट बनवा लेने के बाद एक आदमी सोचता है

पिता होते तो उन्हें कौन-सा कमरा देता?
उन्हें देता वह छोटा कमरा
जिसके साथ ग़ुसलख़ाना भी लगा हुआ है

वे आज इकहत्तर बरस के होते
और हमेशा की तरह अब भी उन्हें
अपना निर्लिप्त अकेलापन चाहिए होता
लगातार सिगरेट पीना और स्वयं को
हिंदुस्तानी गेय तथा वाद्य शास्त्रीय संगीत का अभ्यासी व्याख्याकार समझना
उन्होंने अंत तक नहीं छोड़ा था सो आज क्या छोड़ते
इसलिए उनके लिए यही कमरा ठीक रहता
सिर्फ़ रेडियो और टेलीविज़न उनसे दूर रखने पड़ते

माँ होतीं तो उन्हें कौन-सा कमरा देता?
माँ भी क़रीब सत्तर की होतीं
और दिनभर तो वे रसोई में या छत पर होतीं बहू के साथ
या एक कमरे से दूसरे कमरे में बच्चों के बीच
जो अगर उन्हें अकेला छोड़ते
तो रात में वे पिता के कमरे में
या उससे लगी हुई बालकनी में उनके पैताने कहीं लेट जातीं
अपनी वही स्थायी जगह तय कर रखी थी उन्होंने

बड़ी बुआ होतीं तो उन्हें कौन-सा कमरा देता?
क्या वो होतीं तो अभी भी कुँआरी होतीं
और उसके साथ रहतीं?
हाँ कुँआरी ही होतीं—जब वे मरी थीं तो ब्याहता होने की
उनकी आस कभी की चली गई थी
और अब अपने भाई के आसरे न रहतीं तो कहाँ रहतीं—
सो उन्हें देता वह वो वाला बैडरूम
जिसमें वह ख़ुद अपनी पत्नी के साथ रहना चाहता है
वैसे माँ के साथ वे भी दिनभर इधर से उधर होती रहतीं
घर की बड़ी औरतें मजबूरन ही
कुछ घंटों का आराम चाहती हैं

क्या छोटी बुआ होतीं तो वे भी अब तक कुँआरी होतीं ?
हाँ कुँआरी ही होतीं—जब बड़ी बहन अनब्याही चली गई
तो उन्हें ही कौन-सी साध रह गई थी सुहागिन होने की—
सो छोटी बुआ भी रह लेतीं बड़ी बुआ के साथ
जैसे मौत तक उनके साथ रहीं
जब जवानी में दोनों के बीच कोई कहा-सुनी नहीं हुई
तो अब क्या होती भाई-भौजाई बहू और नाती-नातिनों के बीच

इस तरह माता-पिता और बुआओं से और भर जाता घर
इस घर में और जीवित हो जाता एक घर बयालीस बरस पुराना
वह और उसकी पत्नी और बच्चे तब रहते
बचे हुए एक कमरे में
जिसमें बेटियों के लिए थोड़ी आड़ कर दी जाती
कितने प्राण आ जाते इन कमरों में चार और प्राणियों से

लेकिन वह जानता है कि हर आदमी का घर
अक्सर सिर्फ़ एक बार ही होता है जीवन में
और उसका जो घर था
वह चालीस बरसों और चार मौतों के पहले था
कई मजबूरियों और मेहरबानियों से बना है यह घर
और शायद बसा भी है
बहरहाल अब यह उसकी घरवाली और बच्चों का ज़्यादा है
अब इसका क्या कि वह इसमें अपने उस पुराने घर को बसा नहीं सकता
जिसके अलावा उसका न तो कोई घर था और न लग पाएगा

इसलिए वह सिर्फ़ बुला सकता है
पिता को माँ को छोटी बुआ बड़ी बुआ को
सिर्फ़ आवाज़ दे सकता है उस सारे बीते हुए को
पितृमोक्ष अमावस्या की तरह सिर्फ़ पुकार सकता है आओ-आओ

यहाँ रहो इसे बसाओ
अभी यह सिर्फ़ एक मकान है एक शहर की चीज़ एक फ़्लैट
जिसमें ड्राइंग रूम डाइनिंग स्पेस बैडरूम किचन
जैसी अनबरती बेपहचानी ग़ैर चीज़ें हैं
आओ और इन्हें उस घर में बदलो जिसमें यह नहीं थीं
फिर भी सब था और तुम्हारे पास मैं रहता था
जिसके सपने अब भी मुझे आते हैं
कुछ ऐसा करो कि इस नए घर के सपने पुराने होकर दिखें
और उनमें मुझे दिखो
बाबू भौजी बड़ी बुआ छोटी बुआ तुम

लालटेन जलाना

लालटेन जलाना उतना आसान बिलकुल नहीं है
जितना उसे समझ लिया गया है

अव्वल तो तीन–चार सँकरे कमरों वाले छोटे–से मकान में भी
कम से कम तीन लालटेनों की ज़रूरत पड़ती है
और रोज़ किसी को भी राज़ी करना मुश्किल है कि
वह तीनों को तैयार करे
और एक ही आदमी से हर शाम
यह काम करवा लेना तो असंभव है

घर में भले ही कोई औरत न हो
सिर्फ़ एक बाप और तीन संतानें हों तो भी न्यायोचित ढंग से
बारी–बारी तीनों से लालटेनें जलवाना कठिन नहीं
यह ज़रूर है कि जब दिया–बत्ती की बेला आए

तो यह न मालूम हो कि लालटेन पीपे या शीशी में तेल नहीं है
और शाम को साढ़े छह बजे निकलना पड़े मिट्टी के तेल के लिए

जो दो तरह का आता था
घासलेट और सफ़ेद
सस्ता और घटिया था घासलेट
बू सफ़ेद से भी उठती है लेकिन निस्बतन ख़ुशबू जैसी होती थी
महीने के आख़िर में अगर घासलेट लाना ही पड़ता था
तो उसे शीशी में नहीं टीन के डिब्बे में लाया जाता था
उससे रोशनी ही नहीं इज़्ज़त भी ख़राब होती थी
पड़ोसियों से मिट्टी के तेल के उधार की पेचीदगियाँ बिलकुल अलग विषय है
क्योंकि उसका सीधा संबंध लालटेन जलाने के हुनर से नहीं है

यह समझाना कठिन है कि आख़िर कोई लालटेन
अच्छी तरह क्यों जलाई जाए
वह अल्पायु में शुरू हुआ एक आजीवन ख़ब्त भी हो सकता है
लेकिन लालटेन जलाने का लुत्फ़ मुख्यतः तेल से है
और उसमें उतनी ही केंद्रीय भूमिका अच्छी बत्ती
और शायद उससे भी ज़्यादा
उम्दा साफ़ किए गए काँच की है
भलाई इसी में है कि बत्ती से बेवजह छेड़छाड़ न की जाए
लेकिन अगर उस पर ज़्यादा ग़ुल जमा हो ही गया हो
तो उसे उँगलियों से नोचना बेवकूफ़ी होती है
क्योंकि उसके बाद जब उसे बाला जाएगा
तो चारों तरफ़ से पुच्छल तारों जैसी दुमदार रोशनी निकलेगी
और काँच बच भी गया तो काला तो हो ही जाएगा
कैंची से काटने में भी रेशे निकल आते हैं
या टेढ़ी-मेढ़ी कटती है

उसे ब्लेड जैसी चीज़ से काटा जाना चाहिए वह भी एहतियात से
लेकिन यह तभी मुमकिन है जबकि वह काफ़ी लंबी हो
ऐन मौक़े पर यह पता लगना कि बत्ती छोटी है
लालटेन की कुप्पी को मिट्टी के तेल से बिला वजह
लबालब भरने पर मजबूर करता है
और तब भी वह साढ़े नौ बजे तक दम तोड़ देती है

बत्ती ठीक करना और तेल भरना रोज़ के काम नहीं हैं
लेकिन जो काम सबसे ज़्यादा सलीक़े मेहनत और निगाह की माँग करता है
वह है शीशे को साफ़ करना
अव्वल तो यह ध्यान रखना पड़ता है
कि कब्जे से निकालते वक़्त
उसे ग़लत तरफ़ से तिरछा न कर दिया जाए कि वह टूट जाए
फिर यह कि शीशा सिर्फ़ बढ़िया राख से ही चमक सकता है
यानी या तो अच्छी जलाऊ लकड़ी की राख हो
या फिर सख़्त कंडे की
उसमें यदि रेत या कंकड़ हुए तो शीशा खुरच जाएगा
दाँतों में तकलीफ़देह किरकिराहट होगी सो अलग

शीशे के अंदर लगे धुएँ से खेल भी किए जा सकते हैं
मसलन उँगली से कोई तस्वीर बनाई जा सकती है
आपका नाम लिखा जा सकता है
या फ़लाँ गधा है वग़ैरह
लेकिन ऊपर से शुरू करते हुए नीचे तक आते-आते
सारी कालौंच मिटानी पड़ती है
और अंदर से ही नहीं बाहर से भी
काँच को साफ़ करना होता है
साफ़ काँच खिलता ही दुबारा राख से माँजने से है
आह कितना ऐंद्रिक है लालटेन के शीशे को धीरे-धीरे निखारना

फिर चाहो तो उसे किसी पुरानी साड़ी के टुकड़े से और चमका दो
तब तो उस पर साँस की नमी या उँगलियों की छाप भी
अखरने लगती है

शीशे को उसके कब्जे में फिर बैठाना
ऊपर से लालटेन के कुंदे में अँगूठा डालकर ढक्कन उठाना
और काँच को उसके नीचे बैठाना भी
सावधानी के काम हैं
क्योंकि ग़लत ढंग से अँगूठा छोड़ने से
शीशा फँस या टूट सकता है
लेकिन इसके पहले यह भी देख लेना होगा
कि लालटेन की अंदरूनी गुंबद पर
महीन धुआँ इतना न जम गया हो
कि कुंदा छोड़ते ही बत्ती पर बेआवाज़ आ गिरे
वह इतने चुपचाप जमता है कि किसी को उसकी
याद ही नहीं रहती

यह सब उस वक़्त
जबकि शीशा चटका या फूटा हुआ न हो
और उम्दा हो
क्योंकि अक्सर लालटेन के काँच सस्ते भी मिल जाते हैं
लेकिन उनमें महीन बुलबुले होते हैं या मोटाई बराबर नहीं होती
या अपने आप में ज़र्द होते हैं
और सिर्फ़ महँगा काँच ही अच्छा नहीं होता
उसे परखने के लिए सधी उँगलियाँ कान और तजुर्बा चाहिए
जो एक अरसे तक लालटेन जलाने के बाद ही आते हैं
बेहतर यही है कि काँच बैठालने से पहले ही
बत्ती थोड़ी-सी जला ली जाए
और फिर लालटेन कसी जाए

उसके बाद धीरे–धीरे लौ को बढ़ाइए
देखिए रोशनी कमरे में कहाँ तक फैल जाएगी
अपने पीछे आपकी छाया की विशाल उपस्थिति है
उजाले में सब कुछ उभर आया है
उँगलियों पर केरोसीन और राख की जो मिली–जुली कसैली बू है
वह एक स्थिर स्निग्ध जलती हुई बत्ती की सुगंध में खो रही है

लालटेन जलाने की प्रक्रिया में लालटेन बुझाना
या कम करना भी शामिल है
जब तक विवशता ही न हो तब तक रोशनी बुझाना ठीक नहीं
लेकिन सोने से पहले बाती कम करनी पड़ती है
कुछ लोग उसे इतनी कम कर देते हैं
कि वह बुझ ही जाती है
या उसे एकदम हल्की नीली लौ तक ले जाते हैं
जिसका एक तरह का सौंदर्य निर्विवाद है
लेकिन लालटेन के हिलने से या हवा के हल्के से झोंके से भी
उसके बुझने का जोखिम है
लिहाज़ा अच्छे जलाने वाले
लालटेन को अपनी पहुँच के पास लेकिन वहाँ रखते हैं
जहाँ वह किसी से गिर या बुझ न जाए
और बाती को वहीं तक नीची करते हैं
जब तक उसकी लौ सुबह उगते सूरज की तरह
लाल और सुखद न दिखने लगे

लापता

महाभारत के स्त्रीपर्व के अंतर्गत श्राद्ध उपपर्व में
दो श्लोक उन अध्येताओं के लिए विशेष महत्त्व के हैं

जो विचित्र आँकड़ों में दिलचस्पी रखते हैं—
उनमें से भी दूसरा अधिक आकृष्ट करता है

युद्ध के बाद जब युधिष्ठिर से धृतराष्ट्र पूछते हैं
कि इस महासमर में कितने मरे और कितने बचे
तो वह वंश और सभ्यता के लगभग सर्वनाश के बावजूद
शुद्ध वैज्ञानिक उत्सुकता का प्रतीक है

युधिष्ठिर का उत्तर भी
महासंग्राम की वीभत्सताओं के बीच
सूचनाएँ प्राप्त करने और स्मरण रखने की
वस्तुनिष्ठ क्षमता का अपूर्व उदाहरण है

जब वे कहते हैं कि राजेंद्र इस युद्ध में
एक अरब छासठ करोड़ बीस हज़ार योद्धा मारे गए हैं
तो करोड़ के बाद सीधे हज़ार पर आने में
एक ऐसा सूक्ष्म सटीकपन है जो उनके उत्तर को
एक विलक्षण विश्वसनीयता देता है
लेकिन उससे भी आगे दूसरे श्लोक में
जब वे युद्ध के बाद न देखे गए सैनिकों की संख्या
ठीक-ठीक चौबीस हज़ार एक सौ पैंसठ बताते हैं
तब एक तो मानव इतिहास में शायद पहली बार
लापता फ़ौजियों का उल्लेख होता है
दूसरे इतनी वाजिब संख्या न केवल वास्तविक लगती है
बल्कि हममें एक अजीब खीझ और कौतूहल जगाती है

खीझ इसलिए कि धृतराष्ट्र नहीं पूछते
कि इनमें से पांडवों के कितने गुम हैं और कौरवों के कितने
उनमें महारथी अतिरथी एकरथी और अन्य कितने हैं
और वे किस-किस राष्ट्र किस-किस चमू के हैं

युधिष्ठिर भी कोई प्रकाश नहीं डालते
और शेष पूरी महाभारत में पता नहीं चलता
कि इन लापता या भगोड़ों को खोजने के
कोई यत्न हुए भी या नहीं

आज हम जानना चाहते हैं
कि ये 24165 कहाँ गए
कहाँ छिपे रहे या जब लौटे तो उनके साथ क्या हुआ
वे भयभीत होकर भागे थे या खिन्न होकर
उन्हें वैराग्य हो गया था या वे विक्षिप्त हो चुके थे
या उनकी टुकड़ियाँ आपस में कई वर्षों तक
ऐसे अनेक छोटे-छोटे महाभारत लड़ती रहीं
जिनकी आदिजननी का अंत कभी का हो चुका था

कुरुक्षेत्र से लापता हुए ये 24165 अब तक लापता हैं
उन्होंने युद्ध कर स्वर्ग जाना शायद उचित नहीं समझा
और जीवन का वरण किया वह ठीक ही किया
क्योंकि जो एक अरब छासठ करोड़ बीस हज़ार
इंद्रलोक पहुँचे
उनके नामों और परिवारों के बारे में भी महाभारत मौन है
ये जो 24165 अलक्षित थे
उनके वीर्य और विचार कहाँ तक पहुँचे
यह कौन कह सकता है
कहीं हिसाब है मह
विश्व की कितनी सभ्यताओं को इन्होंने क्या दिया
और उनके युद्ध न करने से जो जीवित रह पाए
उन्होंने

क्या पता इनमें से कुछ ने या सबने
अलग-अलग या मिल-जुलकर

अपने-अपने संपूर्ण या आंशिक महाभारत लिखे हों
क्या मालूम इन्हीं में से किसी ने छत्तीस वर्ष बाद
जरा बनकर कृष्ण की हत्या की हो
या इन्हीं में से कुछ ने
पटरानियों के साथ लौटते अर्जुन का पराभव किया हो
क्योंकि महाभारत जैसा हमें मिलता है
वह महान होते हुए भी एकपक्षीय
या अधिक से अधिक उभयमुखी है
और यदि बलराम या द्वारका के निवासियों को नहीं
तो कम से कम इन 24165 में से
किसी एक को तो अपना संस्करण देना चाहिए था

लेकिन इतिहास में दर्ज़ होने के लिए
आपका जीवित या मृत पाया जाना अनिवार्य-सा है
जो लापता हैं उनका कोई उल्लेख नहीं होता
संजय के अधिकृत स्वीकृत और सुविधाजनक
आँखों देखे वृत्तांत पर
यदि मिल जाए तो इन 24165 में से केवल एक का
मात्र एक श्लोक प्रश्नचिह्न लगा सकता है
किसे मालूम हममें से कोई उन्हीं की संतानें हों
और हममें से ही कोई कभी उसे कहे

चौथे भाई के बारे में

वह शायद 1946 की बात है जब हम तीन भाई
घर में पड़े रामलीला के मुकुट पहनकर खेल रहे थे
तब अचानक विह्वल होकर हमें बताया गया
कि मेरे और मुझसे छोटे के बीच तुम भी थे

और यदि आज तुम होते तो हम चार होते
राम लक्ष्मण भरत शत्रुघन की तरह

बतलाने के बाद माँ या बुआ सहम गई थीं
और कुछ न समझने के बावजूद हमारा खेल
मंद-सा पड़ गया था लेकिन तब से लेकर आज का दिन है
कि मैं कई बार तुम्हारे बारे में सोचता हूँ

तुम्हारे उस छोटे से ज़िक्र से घर में जो थोड़ी-सी चुप्पी छा गई थी
और माँ के चेहरे पर विषाद और स्मृति की एक और परत
उसके बाद हमने यह तक नहीं पूछा कि
तुम ठीक-ठीक कब जन्मे थे और कब नहीं रहे
तुम्हारा कोई नाम रखा गया था या नहीं
तुम्हारी मौत की वजह क्या थी
सच तो यह है कि मुझे यह भी नहीं मालूम
कि तुम सिर्फ़ एक भ्रूण थे या उस माँ का दूध पीते हुए
तुम कभी उसकी आँखों में मुस्कराए थे
जो वैसे भी तुम्हारी जन्म से चार वर्ष बाद नहीं रहने वाली थी

कठिनाई वही है जो मैं कह रहा हूँ
कि तुम्हारे जन्म के चार बरस बाद वह नहीं रहने वाली थी
क्योंकि कौन कह सकता है कि
यदि तुम जिए होते तो वह भी न रह जाती
और एक संभावना यह भी है कि फिर शायद चौथा भाई न होता
बहन होती
कौन कुछ भी ठीक-ठीक कह सकता है ऐसी चीज़ों के बारे में

पिता से ऐसी किसी भी अंतरंग घटना के बारे में पूछना असंभव था
और वह उनके जीवनकाल में मेरे पिता बन जाने के बाद भी संभव न हुआ

मैं अब माता-पिता के फ़ोटो और हम तीन भाइयों के चेहरों में
तुम्हारा चेहरा खोजता हूँ
बचपन से लेकर अब तक की हमारी तस्वीरों से
मैंने कल्पना में तुम्हारे कई आइडेंटिकिट हुलिए बनाए हैं
एक ऐसे शाश्वत गुमशुदा की अनंत तलाश में
जिसे 'तुम्हें कोई कुछ नहीं कहेगा' के लाख आश्वासन
कभी लौटा नहीं लाएँगे

मैं जब जीवित या मृत शिशुओं को देखता हूँ
तो कभी-कभी मुझे तुम्हारी याद आती है
जो फिर एक विडंबनापूर्ण प्रयोग है
क्योंकि जो देखा ही नहीं गया उसकी स्मृति कैसी
फिर भी ज्ञात से अज्ञात को पहचानने की कोशिश में
मैं जानना चाहता हूँ कि क्या दो साल के मुझे
तब तुम्हें कभी छूने भी दिया गया था
और क्या मैंने तुमसे कुछ कहा था और तुम हँसे थे

पहले मानव शिशु की मृत्यु के बाद
कितने शिशुओं को मौत ले गई है
इसका लेखा-जोखा कहीं नहीं है
और यह भी कह पाना कठिन है कि
उनकी मौत किन तकलीफ़ों और हालात में हुई
यानी उनके बारे में लगभग सब कुछ
सिर्फ़ कल्पना और संभावना के संसार में ही रहता है
इसलिए तुम जो शायद 1942 के किसी दिन जनमे
और उसी वर्ष किसी तारीख़ को नहीं रहे
सदा उन नहीं हो पाई नहीं जानी जा सकने वाली चीज़ों में रहोगे
जिनके प्रस्तार और संचय से कई समांतर विश्व बसाए जा सकते हैं

या फिर कहीं कोई परलोक है जिसमें सब लोगों के साथ तुम हो
और उसमें एक दिन मैं भी तुम्हें पहचान लूँगा
या कोई पुनर्जन्म होता है—कुछ कहा नहीं जा सकता
यही कहते हैं कि कुछ भी नष्ट नहीं होता
और रूप बदलकर लौटता रहता है
क्या तुम इतने कड़ियल और ज़िद्दी थे कि लौट आए छोटे भाई में
या फिर मेरे बेटे में लौटे हो तुम—
उसमें तो पिता भी लौट सकते हैं—
लेकिन यह कहाँ लिखा है कि पुरुष वापस आएँगे सिर्फ़ पुरुषों में
स्त्रियाँ स्त्रियों में
तो तुम हम तीन भाइयों की जो छह बेटियाँ हैं
उनमें क्यों नहीं लौटे होगे
भले ही उनमें से तीन को माँ और दोनों बुआ ने
अपने घर लौटने का बहाना बना लिया हो
और यह भी कहाँ लिखा है कि तुम लौटोगे सिर्फ़ हमारे यहाँ
क्या पता संसार के करोड़ों में तुम कितनी बार लौट चुके हो
हमारे साथ तुम्हें खोजने का खेल खेलते हुए

एक कम

1947 के बाद से
इतने लोगों को इतने तरीकों से
आत्मनिर्भर मालामाल और गतिशील होते देखा है
कि अब जब आगे कोई हाथ फैलाता है
पच्चीस पैसे एक चाय या दो रोटी के लिए
तो जान लेता हूँ
मेरे सामने एक ईमानदार आदमी औरत या बच्चा खड़ा है
मानता हुआ कि हाँ मैं लाचार हूँ कंगाल या कोढ़ी

या मैं भला-चंगा हूँ और कामचोर और
एक मामूली धोखेबाज़
लेकिन पूरी तरह तुम्हारे संकोच लज्जा परेशानी
या ग़ुस्से पर आश्रित
तुम्हारे सामने बिलकुल नंगा निर्लज्ज और निराकांक्षी
मैंने अपने को हटा लिया है हर होड़ से
मैं तुम्हारा विरोधी प्रतिद्वंद्वी या हिस्सेदार नहीं
मुझे कुछ देकर या न देकर भी तुम
कम से कम एक आदमी से तो निश्चिंत रह सकते हो

बेटी

जाने से पहले उसने कहा
अपनी बेटी समझकर ही मुझे रख लीजिए

वह सूखी साँवली लड़की
जिसके पसीने में बहुत पैदल चलने
कई बसें बदलने की बू थी
जिसके बहुत पहने कपड़ों से धूपहीन खोली के सीले गूदड़ों
और आम के पुराने अचार की गंध उठती थी

उसे मैं वह नौकरी दे न सका
बाद में मेरे वे नितांत अस्थायी अधिकार भी रहे नहीं

मैं उससे यह तो नहीं कह सका
कि वह कैसे उस नौकरी के लायक़ नहीं थी—
जैसे हर जगह लायक़ लोग ही बैठे हुए हों—
लेकिन मन ही मन मैंने उसे बेटी ज़रूर कहा

पचास बरस की उम्र में यह पहली बार था
कि बाईस साल की किसी पराई लड़की को मैंने वैसा माना

उसका पिता उसके साथ नहीं था
वर्ना अपना वह प्रतिरूप मैं देखता
लेकिन ऐसे शाइस्ता संकोची व्यस्त बाप
अपनी बेटी के लिए समस्याएँ पैदा न करते हुए
ताकि वक़्त ज़ाया न जाए
उसी दर्म्यान किन्हीं और लोगों के सामने बैठे रहते हैं
हर मुमकिन वास्ता देते हुए

हर शाम मेरी अजनबी बेटी लौटती है
मायूस होने से पहले कुछ नए रहमदिलों की बेटी बनकर
सुबह फिर निकल जाती हैं मेरी हज़ारों बेटियाँ
एक परेशान डरी हुई अपमानित उम्मीद लिए
अपने असली पिताओं से अलग उस पिता की तलाश में
जो उन्हें बेटी या क़ाबिल माने न माने रख तो ले

सिर पर मैला ढोने की अमानवीय प्रथा

इससे पहले कि इस विषय पर कुछ कहा जाए
बेहतर होगा कि तरद्दुद में डालने वाले
इस पूरे मुहावरे पर ही ग़ौर करें
जो, ध्यान दें, है
सिर पर मैला ढोने की अमानवीय प्रथा

अब यदि हम ज़ोर सिर पर देते हैं
तो ध्वनि यह निकलती प्रतीत होती है

कि यदि मैला सिर के बजाय
कंधों पीठ या कमर पर ढोया जाएगा
तो प्रथा अमानवीय नहीं रहेगी
अगर वह हाथ से खींची जाने वाली
एक या दो कोठियों वाली गाड़ी में भी ले जाया जाए
तो शायद मानवता का नुकसान न हो

मुहावरे को सिर पर नहीं दिमाग़ में रखे हुए
यदि हम बल मैला ढोने पर देते हैं
तो कुछ यूँ लगेगा कि इसे ढोना भले ही अमानवीय हो
कुछ और ढोना
यानी दूसरों का सामान बोझा कचरा चीथड़े
ज़िंदा या मुर्दा जानवर या इंसान
अमानवीय नहीं कहलाएगा

यह अगला शब्द यानी अमानवीय भी यहाँ ध्यातव्य है
क्योंकि ऐसा लगता है
कि जो सिर पर मैला ढो रहे हैं
वे अमानवीय हैं या कुछ वैसा कृत्य कर रहे हैं
जबकि जहाँ तक समझा जा सका है
वे या तो मानवीय लगते हैं
या इससे ज़्यादा से ज़्यादा एकाध अंश कमतर
जबकि भावुकता यह कह उठेगी
कि अमानवीय वह है और वे हैं
जो सिर पर मैला ढोने को
एक प्रथा कहकर बनाए हुए हैं

बहरहाल इस भाववाचक संज्ञा के आते ही
प्रश्न यह खड़ा हो जाता है कि क्या

सिर पर मैला ढोने को प्रथा कह सकते हैं
क्योंकि ज्ञानमंडल बृहत् हिंदी कोश देखें
तो इस तत्सम शब्द के दो तत्सम पर्याय
रीति या परिपाटी दिए हुए हैं
जबकि कुछ संदिग्ध गुणवत्तावाला नालंदा शब्दकोश
इसे रिवाज या प्रणाली बताता है
जिन्हें और इस मुहावरे को सही मानें
तो कुछ ऐसा दृश्य उभरता है
मानो यह एक ऐसा स्वैच्छिक पारम्परीण चलन हो
जिसे घर घर सिर सिर देखा जा सकता हो
सुबह शाम या विवशता के किसी भी वक़्त
समूची भारतीय जनता यह परिपाटी शिरोधार्य किए हुए
रोज़ इधर से उधर होती हो

किंतु वास्तविकता ऐसी कहाँ है
शौच से निवृत्त होने की जटिल प्रक्रियाएँ तो हैं
बल्कि कहें कि एक पूरा नित्य कर्मकांड ही मिलता है
परंतु वेदों में भी जिनमें सभी को पता है
कि सारा ज्ञान-विज्ञान भरा पड़ा है
ऐसी कोई ऋचा नहीं है
जिसमें इस अनुष्ठान हेतु सोमपान का कोई आह्वान हो
सिर पर मैला ढोने का कोई देवी-देवता भी नहीं है उनमें

हैरत है कि जिस मुहावरे का अंशमात्र भी
मामूली मुआइने पर सही न उतरता हो
वह किस तरह अस्सी करोड़ के
सार्वजनीन सत्य में बदल दिया गया है
जबकि एक आनुषंगिक आश्चर्य यह भी है
कि इसके ज़रिए कुछ ऐसा आभास दिया जा रहा है

कि सिर पर ढोए जाने से पहले और बाद में
मैले के साथ जो किया जाता है वह मानवीय ही है

जबकि यदि कोई गूढ़ता का मुरीद हो तो कहेगा
कि अगर मसला मानव न हो पाना ही है
तो वह शुरू होता है
हमारे लाखों घरों परिवारों में
जहाँ सुबह शाम एक शौचालय
जिसके सही नाम दरसअल खुड्डी पैखाना संडास या बम्पुलिस हैं
नसीब होना एक चमत्कार है
जिसके साफ़ होने न होने में किसी की सलज्ज दिलचस्पी नहीं है
उसका होना और ख़ाली होना ही प्रासंगिक है
उधर करोड़ों भारतीयों का प्रागैतिहासिक मानव की तरह उकड़ूँ
खुले एकांत या सार्वजनिक में आँख की शर्म
और तिनके की शब्दशः आड़ में निपटना
अमानवीय हो न हो
कम से कम सिर पर मैला ढोने की कथित अमानवीय प्रथा को
बनाए रखने में कोई योगदान तो नहीं देता
सूअरों कुत्तों गायों ओर हमारे ग्रामीण या शहरी सब्ज़े के लिए
वरदान हैं ये प्लास्टिक या काँच की बोतलों से लैस
सुबह पुण्य और स्वास्थ्य के लिए सैर करने वाले सुजानों
पैलेस ऑन व्हील्स तथा अन्य पर्यटक वाहनों के संभ्रांतों के लिए
वे रोष या शर्मिंदा संकोच का बाइस भले ही हों

इससे मुझे याद आती है जलगाँव की वह धर्मशाला
जिसकी उस खिड़की से
जो एक ऊँची पार वाले नाले पर खुलती थी
मैंने देखी थीं
निरंतर आती-जाती सैकड़ों महिलाएँ कुछ शायद मीलों से

सामान्यत: वे सूर्य को भी अपनी पिंडली न दिखाती होंगी
लेकिन वहाँ सुविधा के अभाव की असहायता के
सामूहिक संकोचहीन बतियाते बहनापे में निजात पा रही थीं
अनावृत्त नारी नितंबों के लाचार कर देने वाले तिलिस्म में
उस दिन से मेरे लिए स्थायी दरार पड़ गई

अब जब ज़िक्र निकला है तो तुम्हें याद आते हैं वे दिन
कि तुम जब बैठे ही हो
कि अचानक कभी घुस आता था कोई थूथन नहीं
बल्कि चूड़ियों वाला कोई साँवला-सा हाथ
टीन की चौड़ी गहरी तलवार जैसा एक खिंचौना लिए हुए
फिर जैसे तैसे उछलकर भागने से पहले आती थी
स्त्री हँसी की आवाज़ जो कहती थी
और पानी डाल दो बब्बू
और उसके बाद राख की माँग की जाती थी
जिसे राखड़ कहा जाता था राख कहना अशुभ होता
जो ज़रूरी थी सिर पर मैला ढोने की अमानवीय प्रथा को
कुछ वहनीय बनाने के लिए
यानी पहले टोकरे में बिछाई जाती थी वह
जिसके ऊपर तक भर जाने के बाद
उसे ढका जाता था फिर राख की मोटी परत से ही
यह तथ्य अल्पज्ञात ही है कि अनेक पिछवाड़ों का मैला
कितनी जल्दी तरल हो जाता है
और राख ज़रा-सी कम हो तो टोकरे की किमचियों से टपकने लगता है

लिहाज़ा राख ज़रूरी है
वह इसलिए भी अनिवार्य है
कि रोक और आवरण बनने के बाद
वह एक घरेलू-सी गंध पैदा करती है

जो मुहल्ले की छेंड़ियों में
बू को यदि दबा नहीं पाती तो सह्य बना देती है
शर्त यही रहती थी कि राख बुरादे या कोयले की न हो
जलाऊ लकड़ी की हो जिसमें बारीक कोयले हों तो हर्ज़ नहीं

फिर वे एक-दूसरी की मदद से रखती थीं टोकरे
सिर पर रखी चुमरी पर
और देखा तो नहीं है फिर भी
ख़ाली कर आती होंगी उन्हें दूर से आती हुई
उस बोदागाड़ी के पीछे लगी मोटे लोहे की टंकी में
जो आजकल मुश्किल से ही दिखाई देती होगी
लेकिन कल्पना करें कि आजकल सड़कों के किनारे
जिस हौदीनुमा देग़ में डामर उबाला जाता है
उसी तरह की पहिएदार टंकी को कोई भैंसा खींचे
जिसे चलानेवाला अंत में कहाँ जाकर
उसके बोझ को क्या अंजाम देता था पता नहीं

सिर पर मैला ढोने की प्रथा
अब भी ख़ूब प्रचलित है
लेकिन (नी:चे) देखने में आया है
कि किन्हीं-किन्हीं घरों में
टीन के काले खुले बक्से रखे जाने लगे हैं
लेकिन एक तो जानवर उन्हें उलटाकर गिरा देते हैं
दूसरे रासायनिक प्रक्रियाएँ उन्हें जल्दी गला देती हैं
और वे हर दूसरे महीने ख़र्च का मद बन जाती हैं
उधर आँख और नाक का तजुर्बा यह भी है
कि बोदागाड़ी की जगह शहर के बीचों-बीच से गुज़रने वाले
ट्रैक्टर टैंकरों ने ले ली है

शेष सब पूर्ववत् है

अब चूँकि गाँव तक में
माहवारी प्रसूति और गर्भपात की आधुनिकतम व्यवस्थाएँ हैं
इसलिए यह ज़रूर है कि
क़स्बों के कमउम्र बच्चे
परिवार में उस तरह के या अन्य गोपनीय स्त्रीसुलभ कार्यों में
मदद के लिए बस्ती के आख़िरी कोने के
उन सूअरों वाले मुहल्लों में
उन्हें बुलाने के लिए नहीं भेजे जाते
जो सुबह टोकरे उठाती थीं
लेकिन शायद उनके पिताओं की नाल
उन्हींने या उनकी माँओं ने काटी और गड़ाई होंगी
दोनों पक्ष एक-दूसरे से परिचित थे
ख़ासकर गृहिणियाँ तो उनसे बहुत खुली हुई थीं
मुँहबोले रिश्ते तक थे उनके बीच
अपनी अस्पृश्यता में ही खोज ली थीं उन्होंने
बग़ैर इन अवधारणाओं को जाने
अपनी अछूती अपरिहार्यता और जातीय स्मृति
कभी कोई लड़का या घर ज़्यादा महत्त्वाकांक्षी हो गया
तो पहुँच जाता था गिरजाघर तक
जैसे पहले पहुँचे होंगे काज़ी या ग्रंथी तक कुछ
या बाद में कुछ भंते तक
फिर भी अशराफ़ज़ादों पर तमाम अहसानों के बावजूद
मैला ढोने की मजबूरी का इतिहास
इनका पीछा छोड़ता न था
कम से कम एक-दो पीढ़ियों तक तो नहीं
और समूची बिरादरी का तो बिलकुल नहीं

बहरहाल अब जबकि
सिर पर मैला ढोने की इस अमानवीय प्रथा को

संसद में संज्ञेय अपराध घोषित किया जा चुका है
तो यह तो बाद में देखा जाएगा
कि मुजरिम ढोने वाले हैं या ढुलवाने वाले
लेकिन जिस तरह देश छुआछूत जात-पाँत
दहेज सती बँधुआ मज़दूर निरक्षरता नारी व्यापार
धार्मिक भेदभाव सामाजिक अन्याय ग़रीबी
मलेरिया चेचक आदि से मुक्त घोषित हुआ है
इसी तरह एक चरणद्ध कार्यक्रम के अंतर्गत
गू को न ढोने को लागू कर दिया जाएगा
अगली दो पंचवर्षीय योजनाओं में
मल को माथे पर से हटाने पर अमल होगा
करोड़ों भारतीय निपटेंगे इस समस्या से तृणमूल स्तर पर
खोजेंगे मैले को मानवीय ढंग से ढोने की दिशा मैदान मेलों में
एक देशव्यापी अभियान के अंतर्गत अं की बिंदी हटाकर
सोंचने को राष्ट्रीय सोचने में बदलेंगे हम

लेकिन चूँकि यह प्रथा भारतीय नित्यकर्म का फल है
इसलिए उसी की तरह प्राकृतिक और शाश्वत भी रह सकती है
इस शंका पर केंद्रीय राज्य दलित मुक्ति मंत्री कहेंगे स्ट्रिक्टली ऑफ़ द रिकॉर्ड
कानून तो बन गया अब सब वक़्त के हाथ है
इस देश को तो आप जानते हैं
कितनी ही बार इन वर्गों के विकास के लिए क्या निकास नहीं खोजे हमने
आरक्षण क्या पहले नहीं था कि अब मंडल से ही उद्धार हो जाएगा
अब ये लोग जो मैला ढोते हैं उन्हें देखिएगा
उनके ज़रूर कोई रीत-रिवाज होंगे पंच होंगे देवी देवता होंगे
जिनके चलते वे ही मुकर जाएँगे सिर पर मैला न ढोने से
एक जात राज़ी होगी तो दूसरी नहीं होगी
घर-घर धरना देकर मुहाल कर देंगे जनता की हाजत
कौन भले घर का लड़का बनना चाहेगा

इस क़ानून को लागू करवाने वाला इंस्पैक्टर
उस महकमे में भी इन्हीं लोगों को रखना पड़ेगा
सुराज तो दरअसल इन्हीं के लिए आया है
इनके लिए क़ानून बनाओ इन्हीं से गाली खाओ
हज़ारों बरस के गड़े मुर्दे उखाड़ने लगेंगे
कुछ नहीं तो बेरोज़गारी का रोना लेकर बैठ जाएँगे

अरे अपने बाल्मीकी रैदास अम्बेडकर से ही कुछ शिक्षा लो
वो क्या कहा था मुसलमान शायर ने कि ख़ुद ही को कर बड़ा इतना लेकिन नहीं
तो सवाल शोषण या अन्याय का नहीं है
इन्हीं की जहालत और कामचोरी का है
पाखाना ढोने में कौन सी अक़्ल और मेहनत की ज़रूरत पड़े
लेकिन उसी को क्या कहते हैं
अधिकार और आज़ादी का मुद्दा बना लेंगे
एक बात ठीक है कि जब तक सर्विस लैट्रीनें रहेंगी
तब तक प्रॉब्लम्स आएँगी
लेकिन क़ानून का मज़ा इसी में है
कि उनसे नई समस्याओं का पता चले फिर उनको भी सुलझाएँ
लेकिन एक से एक देशी विदेशी संस्थाएँ अलग पैदा हो गई हैं
रंडियों हीजड़ों देशद्रोहियों तक की हिमायत करने वालीं
पिछड़े वर्गों का कोटा पहले से पार्लियामेंट में है
तो करवाते रहो हंगामा हाउस में और मीडिया में
हमने तो क़ानून बना दिया साहब
अब जिन्हें गंदगी ही लादनी है तो लादो भाई
लेकिन कोई माई का लाल कह नहीं सकता
कि बापू के सपनों के भारत के लिए राष्ट्रीय संकल्प के तहत
शीर्षस्थ स्तर पर ख़त्म नहीं कर दी हमने
सिर पर मैला ढोने की अमानवीय प्रथा

सिंगल विकेट सीरीज़

मैंने अभी-अभी फिर गार्ड लिया है
जूतों पैड दस्तानों हैल्मैट की कसावट को जाँचा है
सामने पिच को बैट से बराबर किया है
कुछ आश्वस्त कुछ व्यग्र
अब तक एकाध दफ़ा बीट हुआ हूँ
लेकिन अगली गेंद की प्रतीक्षा में हूँ

रोशनी के चार खंभों से सैकड़ों रोशनियाँ हो गई हैं स्टेडियम में
मैदान की हर चीज़ की परछाईं चौगुना करती हुईं
मैं भी अपने ही अक्स के कटपिट निशान वाले चार सायों के बीच
पाँचवाँ खड़ा हूँ
अजीब चुप्पी है दीर्घाओं में
क्या यह कोई ऐसा क्षण है जिसने सबकी साँसें रोकी हुई हैं

तभी दूसरे छोर से प्रकट होता है वह
अश्वारोही जैसा तेज़ फिर भी मानो चाँद पर चलता हुआ
काली-सी पोशाक में जैसे कोई चोग़ा उड़ रहा हो पीछे
फेंकता है गेंद वह सिर झटककर
उसका पंजा झलकता है एक पल के लिए
कनपटी और जबड़े की रेखाएँ उभरती हैं
आँखें धँसी हुई इसलिए सिर्फ़ काले विवर दिखते हैं
उसके दाँत चमके थे एक बार देखा हुआ-सा लगता है फिर भी
कौन है पोशीदा यह जिसका मुक़ाबला मैंने पहले कभी नहीं किया

लेकिन मेरे पैर सीसे के हो गए
मेरा बल्ला पत्थर का
कलेजा और हाथ सर्द होंठ सूखे पपड़ियाए

और अपने पैरों के पीछे व सीने पर मैंने वह परिचित आवाज़ सुनी
जैसे हवा से दरवाज़ा खुलने पर लैबोरेटरी में
दीवार से काल्बुद खड़खड़ाया हो

ये यकायक बत्तियाँ कितने बुझा दीं
देखने वाले क्यों हो गए गूँगे
स्टेडियम में यह क्या सिर्फ़ हवा की साँय-साँय है
अपने स्तंभित पथराएपन से मैं ही कैसे निकल आया बाहर
जैसे सारी पोशाक के ख़ोल से मुक्त हुआ हूँ

कि अपने तिरते हुए वेग में वह आ चुका होता है मेरे पास
कंधे पर महसूस करता हूँ मैं
उसकी ढाढस बँधाती मगर मज़बूत साग्रह पकड़
फिर अँधेरे में ही आख़िरकार उसके काले नक्श पहचानकर कहता हूँ
वैल बोल्ड सर
पिच मैदान बुझी बत्तियाँ अँधेरा स्टेडियम
सब जैसे नीचे होते जाते हैं तब तलक
फिर वह गेंद फेंकता रहता है मेरे हाथों में और मैं वापस उसे
जब हम ओझल होते चलते हैं
कहीं और किसी अगले दौर के एकल खेल के लिए

जो टेम्पो में घर बदलते हैं

पुराने सोफ़े एक डबल बैड सेकंड हैंड
एकाध निबाड़ का फोल्डिंग पलंग कीलें निकली हुई कुर्सियाँ
फटी बदरंग दरियाँ फीके पर्दे घिसे पाँवपोश
ज़र्द पड़ चुका दस बरस पहले क़िस्तों पर लिया गया फ़्रिज
वैसा ही ब्लैक एंड वाइट टी.वी. उसका ज़ंग लगा अधटूटा एंटेना

मटमैला गैस सिलिंडर चूल्हा जिससे कंपनी का नाम मिट चुका है
उखड़े हुए सनमाइकावाली डाइनिंग टेबिल हिलती हुई तीन कुर्सियों समेत
एक दाँचेदार गोदरेज की अल्मारी जो असल में गोदरेज की नहीं
शीशे में फफूँद-पड़ी डगमग करती एक ड्रेसिंग टेबिल न घूमने वाला
टेबिल फ़ैन
बर्तन भाँडे खूँटियाँ पाटे मोगरियाँ झाड़ुएँ सिल-बट्टा
टूटे हुए पल्लुओं वाला एक कूलर एक लैंब्रेटा जो अब स्टार्ट तक नहीं होता
चटके किनारों वाले कुछ गमले जिनमें मनीप्लांट सहित अन्य आधे
मुरझाए पौधे
प्लास्टिक की बाल्टियाँ मग्घे हर तरह की शीशियाँ डब्बे-डब्बी
वैलकम वाली फ्रेम जड़ीं गृह कलाकृतियाँ दीवार के उड़ते हुए विकासमान
हंस
कैलेंडर पिछली दीवाली के लक्ष्मी-गणेश कुछ अक्षरों कम वाली नेम प्लेट
फीके खिलौने प्लास्टिक की साइकिल एक कैसेटवाला मोनो टू इन वन
देसी
बच्चों की पुरानी किताबें खुले बंडलों में इस साल की उनके स्कूलों बैगों में
टीन की चादरों के संदूक मिलिटरी कैंटीन से लिए गए जानपहचानी सूटकेस
अब नारियल की रस्सी से बँधे हुए और भी बहुत कुछ
जिसका महत्त्व सिर्फ़ घर की औरत जानती है

देखने में कितना छोटा दिखता है टेम्पो
लेकिन पाँच प्राणियों की गिरस्ती ख़ुद उनके समेत
कितने करीने से आ जाती है उसमें और फिर भी
पीछे घर के एकाध बुज़ुर्ग और टेम्पोवाले के
दो-तीन मज़दूरों के बैठने की जगह निकल आती है
दस बरस पहले टीन का बक्सा लेकर शहर आए बेटे की
गिरस्ती के बीच बैठा गाँव कस्बे से आया बाप ख़ुश होता है और उदास भी
इस इलाक़े से उस इलाक़े के बीच वह
टेम्पोवाले के सफ़ेदपोश हम्मालों को सब कुछ बताना चाहता है

जो एक-दूसरे से धींगामुश्ती में मशग़ूल हैं
जिससे किसी भी सामान को नुक़सान भी हो सकता है

बेटा बहू एक किशोर होती हुई लड़की अपने छोटे दो भाई-बहनों के साथ
बैठे हैं टेम्पोवाले और उसके क्लीनर से सटे हुए
जो किराए को लेकर हुए मोलभाव से ही समझ गया था
और क्लीनर को सुनाते हुए चोली के पीछे क्या है गाने लगा था
सिर नीचा किए किशोरी बरजने लगी छोटों को
कि साथ न गाएँ ताल न दें
गिरस्तिन देखती है पति को
जो अतिरिक्त ग़ौर से देख रहा है ट्रैफ़िक को

यूँ जब तब अपने पीछे की जाली से देख लेता है वह
हिलती हुई अपनी पूरी गिरस्ती को
उसे डर है तो यही कि सिलिंडर पर थाप देते छोकरे सिगरेट न पीने लगें
फ्रिज की गैस लीक न हो जाए
गोदरेज पर नई खरोंच या ढाँचा न पड़े
ड्रेसिंग टेबिल का शीशा न चटके कोई टी.वी. की गठरी पर न बैठ जाए
सब कुछ सही-सलामत पहुँच जाए दो कमरों के अपरिचित घर में
उसे अच्छी नहीं लग रही है पिता की उन लौंडों से बात करने की कोशिश
जिस हमलावर ढंग से उन्होंने सामान उतारा था उससे आशंकित हैं पति-पत्नी
पूरी कॉलोनी इकट्ठा हो गई थी नीचे उनके अंकलजी आंटीजी से
जो टेम्पो में घर बदलते हैं वे चाहते हैं कि
या तो बहुत सुबह कमरे ख़ाली करें या शाम के झुटपुटे में
लेकिन देर हो ही जाती है इकट्ठा हो जाते हैं कामवाले
मकान मालिक भी चला आता है मदद करने के बहाने ऊपर
अंतिम क्षण तक शक्की कि ख़ाली तो कर रहे हैं
कहीं ताला डालकर या कुछ लेकर न चले जाएँ

याद करता हुआ कि बिजली-पानी के सभी बिलों का
भुगतान हो चुका है या नहीं

हर शहर में देखे जा सकते हैं ये टेम्पो या अन्य विनम्रतर साधन
गिरस्तियों को इधर से उधर करते हुए
यहाँ से उजाड़ते वहाँ पर बसाते
जिनका सामान एक टेम्पो में आ जाता है वे या तो सरकारी बस्तियों में जाते हैं
या अवैध अथवा पुनर्वास कॉलोनियों में
क्योंकि अक्सर वे महँगे कर दिए गए घरों से
अपेक्षाकृत मुनासिब इलाक़ों में जाते हैं और उनके सस्ते घरों में
इसलिए वे पिछवाड़े की गलियों से गृहप्रवेश करते हैं
बहुधा उनका सामान बैक पोर्शनों गराजों मियानियों बरसातियों में
पहुँचाया जाता है

व्यस्तता का अभिनय करते लेकिन दरअसल बदतमीज़ टेम्पोवालों
उनके क्लीनरों हम्मालों द्वारा
जो बहुत देर हो गई बहुत देर हो गई का कोहराम मचाते हैं
रास्ता जानते हुए भी टेम्पो को ग़लत गलियों में मोड़ते हैं
ग़लत समझाए जाने का आरोप लगाते हुए
एकाध बार उसके बिगड़ने का अभिनय करते हुए
किधर मकान ले लिया कहते हुए ख़ुद को फ़हश गालियाँ बकते हुए
बच्चों को नींद आने लगती है या वे बेचैन हो जाते हैं
लेकिन किराएदार दंपति को मालूम है
कि अभी एक और लड़ाई बाकी है
जब लूटपाट जैसी जल्दी के साथ सामान चढ़ाने के बाद
टेम्पोवाला कम से कम पचास रुपए ऊपर माँगेगा

कब बस जाते हैं बड़े मकान
उनमें कब पहुँच जाती हैं चीज़ें और बाशिंदे पता नहीं चलता

लेकिन शहर के इन खुले टेम्पों को कभी भी देखा जा सकता है
इन गिरस्तियों के हर निम्न-मध्य ब्यौरे को गिना जा सकता है
सीले हुए रजाई गूदड़ों और पुराने अचार की बू के साथ
संदूकों चूल्हों बर्नियों झिरियों में
तिलचट्टे भी मकान बदलते हैं
किसी पुराने सामानवाले को दिखाओ तो वह एक नज़र में
एक आधी या समूची ज़िंदगी में इकट्ठा की गई इन चीज़ों की
एकमुश्त क़ीमत बता सकता है

दिलचस्प तब रहता है जब किसी चौराहे पर
दो ऐसे ही टेम्पो अगल बगल या सामने रुकते हैं
तब जब टेम्पोवाले क्लीनर और हम्माल अतिरिक्त दोस्ताने में
बत्ती हरी होने तक परस्पर अपनी फूटी किस्मत को रोते हैं
तो दंपति देखते हैं दंपति को बच्चे बच्चों को बुजुर्ग बुजुर्ग को
कुछ मुस्कराती हैं तो बस औरतें एक दूसरे को तौलती हुई
जो टेम्पो में एक निगाह डालकर जान लेती हैं किसके पास क्या है क्या नहीं
और अगली दफ़ा मकान बदलने से पहले अपने सामान में
और क्या होना चाहिए

क्या ये अगली दफ़ा
टेम्पो की दो ट्रिपों या दो टेम्पो या किसी मँझोले ट्रक में सामान बदलेंगे?
कह नहीं सकते
इतने टेम्पो दिखते हैं शहर में ऐसे ही सामान से भरे हुए
यही आइटम रहते हैं उनमें एक ज़्यादा या कम
ये टेम्पो कम नहीं हो रहे हैं बल्कि बढ़ रहे हैं
मुमकिन है कुछ का सामान बढ़ता बदलता हो

वे फिर सामने के या पहली मंज़िल के हिस्से में बसते हों
लेकिन उनका पता नहीं चलता पता चलता है

तो इन गिरस्तियों का जो चलता फिरता नृतत्वशास्त्रीय संग्रहालय लगती हैं
या हर रोज़ निकलती हुई छब्बीस जनवरी की एक स्थायी झाँकी
लगता है लगातार वही शहर हिस्सों हिस्सों में इधर से उधर बस रहा है
उनमें बैठे हुए लोग भी एक जैसे लगते हैं
वही दंपति वही बच्चे वही बुज़ुर्ग
ठीक अपने सामान की तरह सामान के बीच सामान बने
सड़कों और शहरों को ही नहीं
इस धरती और वक़्त को भी एक टेम्पो में तब्दील करते हुए

नेहरू-गाँधी परिवार के साथ मेरे रिश्ते

जब से मैंने होश सँभाला अपने को जवाहरलाल का अंधभक्त पाया
और यह सिर्फ़ इसी से नहीं था
कि मेरे पिता ने 1950 में 'ए डिस्कवरी ऑफ़ इंडिया' की एक प्रति
उनके बेटों के बौद्धिक विकास के लिए ख़रीदकर
उनकी पहुँच के भीतर बग़ैर कुछ कहे रख दी थी
भले ही उस समय उसमें देवनागरी में छपे दो शब्द
'आदर्श जोड़ी' ही पढ़ने में आते थे
अंग्रेज़ी की किताब में वे हिंदी में क्यों दिए गए हैं
यह समझ में नहीं आता था

जात-पाँत और धर्म से परे नेहरू का तब क्या असर था
इसे अब दूसरों को क्या अपने को भी बतलाना कठिन है
उनका समाजवाद तो बरसों बाद समझ में आया कई क़िस्तों में
लेकिन वे पंचतत्त्वों के बाद लोगों के लिए छठे तत्त्व थे
हज़ारों दीवारों पर उनकी युवक जैसी तस्वीरें याद हैं
कैलेंडरों पर उनके प्रियदर्शी चित्र
सैकड़ों डॉक्यूमेंट्रियों में सक्रिय दिखते थे वे आज़ादी के महानायक

जिनमें उनकी मुस्कराहट देखकर देखनेवालों के चेहरों पर
मुस्कराहट आ जाती थी सिनेमा हॉल के नीम–अँधेरे में
शायद सिर्फ़ दिलीप कुमार में सम्मोहन था उस तरह का

मैंने उन्हें पहली और आख़िरी दफ़ा प्रत्यक्ष देखा 1958 में
जब वे निमाड़ के जंगलों में नए तीर्थ नेपा काग़ज़ कारख़ाने का उद्घाटन करने
खंडवा से गुज़रे थे और सड़क पर खड़े होकर
एक फ़ोटो लिया था उनका
जब वे खुली जीप में साइकिलों से बने एक स्वागत–द्वार के नीचे से निकले
हज़ारों की भीड़ थी दोनों तरफ़
पंचवर्षीय योजना तथा पंचशील के प्रणेता के लिए
लेकिन मुझे उनकी वापसी ज़्यादा याद है
जब वे एक बंद कार में लौटे शीशे के पास बैठे
ख़यालों में डूबे उन सड़कों की तरफ़ न देखते हुए
जिन पर से अभी उनके दर्शनार्थी ठीक से गए भी न थे
उनके लौटने से बेख़बर

1960 में मैंने उन्हें अपना पहला और आख़िरी पत्र लिखा
जिसका एक दफ़्तरी जवाब आया था निराशाजनक
फिर भी उनके प्रति जो अनुराग था वह कम होता न था
27 मई 1964 को यदि अपनी उम्र में से कुछ वर्ष देकर
उन्हें उतना ही और जिलाए रखना संभव होता
तो मैं उसके लिए तैयार था और अकेला नहीं था
लेकिन तब वे कई लाख बरस तक जीते

उनकी बेटी से संपर्क बहुत बरसों बाद हुआ
वैसे भी नेहरू के असली चाहने वाले उन्हें कुछ ख़ास तरजीह देते न थे
—यह भी उनकी एक मौलिक समस्या रही—
और यदि ताशकंद में लालबहादुर की अजब मौत न हुई होती

तो शायद यह सब कम से कम इस तरह कहने को न होता
लेकिन सिंडिकेट इंडिकेट संघर्ष में ऐसा लगा
जैसे जवाहरलाल की विरासत संकट में हो
और एक मित्र की प्रेरणा से उन्हीं की सहायतार्थ
दस्तख़तों वाले कई पत्र पहुँचाए सफ़दरजंग रोड
कुछ छपवाए पैट्रिअट और नेशनल हैरल्ड जैसे अख़बारों में
जिन्हें तब भी कोई पढ़ता न था
एकाध शायद टाइम्स ऑफ़ इंडिया में भी आया
जब उन्होंने निजलिंगप्पा को हराया तो लगा अपना भी कुछ योगदान है
हालाँकि वे हमारे मित्र थे जो बाद में पार्टी में बहुत ऊपर पहुँचे
और अपने परिवारों के लिए काफ़ी कुछ कर सके

मेरी पहली मुलाक़ात इंदिरा गाँधी से विदेश में है
जब बांग्लादेश में विजय से दीप्त वे यूरोप आईं थीं
और एक तत्कालीन समाजवादी देश की राजधानी में
अन्य भारतीयों की उपस्थिति में उन्होंने मुझसे पूछा था
कि ये आपकी आवाज़ को क्या हुआ
जबकि घामड़ राजदूत ने कहा कोई चीज़ लेकिन सुनाइए ज़रूर
वे लगभग मेरे पिता की उम्र की थीं लेकिन दमकती नीली साड़ी में
उनकी वह भरपूर ऐंद्रिक उपस्थिति मुझे अब भी याद है
वह उपदेश नहीं जो उन्होंने हम भारतीय अध्येताओं को दिया होगा
उसके बाद इमर्जेंसी के दौरान
उनसे तो परोक्ष संपर्क रहा शेष देश की तरह
लेकिन एक दिन सीधा वास्ता पड़ा संजय गाँधी से
मामूली प्रलोभनों के वशीभूत
जब अपने एक युवा-कांग्रेसी मित्र की पत्रिकाओं के लिए
विशेष बातचीत के वास्ते गया सफ़दरजंग रोड मैं
जहाँ से मुँह लटकाए ज्ञानी ज़ैल सिंह निकल रहे थे
कई सुरक्षा जाँचों से गुज़रकर पहुँचा राष्ट्र के सबसे ताक़तवर नौजवान के सामने

जो फ़र्नीचर से लगभग पूर्णत: रहित धुँधले-से कमरे में बैठा था अकेला
वह बहुत कम बोल रहा था लेकिन चेहरे से साफ़ था
कि उसे मेरी बातें अजीब और हास्यास्पद लग रही हैं
यही कहा उसने कि किशोर कुमार कौन है उसके गानों पर मैंने तो रोक नहीं लगाई
और यह कि अपने दोस्त से कहिए माफ़ी माँग ले छूट जाएगा
रेडियो पर फिर कैसे बजने लगा दुखी मन मेरे यह कह नहीं सकता
लेकिन आदर्शवादी दोस्त ने माफ़ी माँगने से इनकार कर दिया
और अब एक अर्धसरकारी दफ़्तर में प्रभावशाली पोस्ट पर है

बहुत बाद में जब टाइम्स ग्रुप के मालिक समीर जैन से मिलना हुआ
तो हर बार संजय गाँधी की याद आई
हालाँकि पहले में जो इबलीसी बौद्धिकता है
वह दूसरे में नहीं थी
लेकिन वह प्रसंग कभी बाद में

इंदिरा गाँधी से दूसरी भेंट है
वेस्टइंडीज टीम के आने पर एक स्वागत समारोह में
वे तब सत्ता में नहीं थीं और क्रिकेटरों से मिलने आई थीं
सपत्नीक मेरा एक फोटो है कहीं उनके साथ
हम तीनों के चेहरों पर मुस्कान है और मेरे हाथ में कोन्याक का गिलास
आकर्षित लेकिन डरे हुए लोग उनके नजदीक नहीं आ रहे थे
फिर वे चली गईं अकेली
स्वामिनीभक्त धवन ने कैसे उनकी गाड़ी का दरवाजा खोला था याद है

वे लौटीं सत्ता में लेकिन फिर उनसे मेरा साबका नहीं पड़ा
एक विचित्र संयोग अवश्य है
कि जिस दिन जिस वक्त उनकी हत्या हुई
यदि उसके अगले दिन उसी वक्त होती

तो या तो अन्य लोगों के साथ मैं भी जीवित न रहता
या उस कत्ल का गवाह होता
क्योंकि 31 अक्टूबर 1984 को उसी समय एक समारोह में
मुझे उनके निवास पर उनके नजदीक होना था

राजीव गाँधी से मेरी तीन मुलाकातें हैं
पहली उनके साथ राष्ट्रसंघ की यात्रा के दौरान
जब न्यूयॉर्क में एक संवाददाता सम्मेलन के बीच
उन्होंने इशारे से मुझसे इसकी ताईद चाही थी
कि उनकी सरकार सिखों की हत्याओं की जाँच करवा रही है या नहीं
दूसरी फैजाबाद की है जब शिलान्यास के बाद उन्होंने
श्रीराम और बजरंगबली के नारे लगवाए थे निर्मल खत्री की चुनाव सभा में
और तीसरी उनकी हत्या के कुछ दिनों पहले
जब वे सत्ता में नहीं थे लेकिन लौटने की उम्मीद में उत्साहित थे
हापुड़ से दिल्ली के रास्ते पर नारायणदत्त तिवारी और मैं
उनकी खुली जीप पर पीछे बैठे थे
मैं चलायमान साक्षात्कार ले रहा था उनसे
जो ढाबों में रुकते हुए भी जारी रहा

जनता से रोमांचित थे राजीव
जबकि तिवारी उत्तर प्रदेश के भावी यथार्थ से सहमे हुए थे
राजीव लोगों के नजदीक आना चाहते थे
भीड़ उन्हें हर जगह घेरकर स्वागत करती थी
लगता था बोफोर्स एक अफवाह है
उनकी जीप में डैशबोर्ड पर एक छोटी ट्यूबलाइट लगी हुई थी
शाम के बढ़ते अँधेरे में जब वे ड्राइवर के बगल में खड़े होते थे
तो एक आधिभौतिक प्रकाश उनके चेहरे और सीने पर पड़ता था
और वे पार्थिव नहीं लगते थे

दोनों विधवाओं के साथ मेरा संपर्क कभी नहीं रहा
दरअसल मैंने दोनों को रू-ब-रू देखा तक नहीं है
उनकी संतानों को भी नहीं
जो मेरे जीवनकाल में शैशव से यौवन की ओर बढ़ी हैं
और उनसे किसी तरह का तादात्म्य स्थापित कर पाना और कठिन है
उनके बारे में जब भी सोचता-देखता हूँ अपने बच्चों का ख्याल आता है

तो क्या यह मान लूँ कि पिछले पचास वर्षों से
जो संबंध चला आता है वह समाप्ति पर है?
कह नहीं सकता क्योंकि भविष्य के बारे में कुछ कहना कठिन है
सोनिया मेनका राहुल प्रियंका वरुण सभी के आगे
लंबी जिंदगी और राजनीति पड़ी हुई है
देश की जो हालत है वह उजागर ही है
वे कई प्रस्तारों-समुच्चयों में प्रासंगिक हो सकते हैं
सोनिया को लेकर जो उन्माद बार-बार उठता है और उम्मीद
उसका अंजाम कौन जानता है क्या होगा
इधर मुझे नहीं मालूम कि मेरी जिंदगी और खब्त
शेष जीवन में मुझे और किन भटकावों में ले जाएँगे
सच तो यह है कि नेहरू के बाद
उनके बदले हुए परिवार के साथ
उतना भावुकता भरा संबंध महसूस कर पाना मेरे लिए कभी संभव न रहा
अब तो नेहरू भी बहुत दूर चले गए लगते हैं एक उदासी बनकर
कुछ बिरले क्षणों में इंदिरा गाँधी और राजीव को लेकर
थोड़ा-बहुत अपनापन जागा था
लेकिन भटके हुए देवताओं को आराध्य बनाना कठिन है
सोनिया की ताईद भी सिर्फ सशर्त की जा सकती है आपद्धर्म की तरह
यदि कहीं कोई जरा भी बेहतर विकल्प न हो
और वह भी इसलिए कि कुनबापरस्ती और व्यक्तिपूजा से मुझे भी नफरत है
लेकिन हिटलर के हिंदुस्तानी वंशज बढ़े आ रहे हैं

और हम जैसों को अपने परिवारों को किसी कदर उनसे बचाना है
उनसे जो मुझे जैसे भी बचाएँ मैं उन सभी के साथ होना चाहूँगा
अंदरूनी बेरियायत फैसले अभी होने हैं और लिए जाएँ शायद
बहुत सैद्धांतिक और बौद्धिक बाल की खाल निकालनी है
लेकिन पहले इन बर्बरों का कुछ करें
उसमें नेहरू-गाँधी कुटुम्ब से छुआछूत कैसी
बाद में देखा जाएगा इनसे घटता हुआ इतना रिश्ता भी रखना है या नहीं

अपने आप और बेकार

1982 की किसी शाम
गए होंगे रघुवीर सहाय अपने शुभाकांक्षी संरक्षक वात्स्यायन के यहाँ जब
उन्हें बता यह दिया गया था उनकी अवनति होगी

दक्षिण दिल्ली के साकेत का प्रैस एन्क्लेव कोई दरिद्र जगह नहीं
लेकिन चाणक्यपुरी का पटेल मार्ग ज्यादा चौड़ी सड़क है
और अंग्रेजी में लेन कहलाने के बावजूद केवेंटर्स कोई पतली गली नहीं है

रईसों और राजनयिकों के इस इलाके को मैं खूब जानता हूँ
लेकिन उसकी महँगी कोठियों में इस जिंदगी में कभी रह नहीं पाऊँगा
वात्स्यायन के निवास मैं कभी नहीं गया
लेकिन उसके कृतकृत्य गद्गद् वर्णन मैंने सुने हैं
कहते हैं उस पर अब करोड़ों की कोई पारिवारिक कशमकश चलती है

कैसे पहुँचे होंगे रघुवीर सहाय
वहाँ जहाँ बेमौसम भी मोर और कोयल बोलते हैं यह पता नहीं
क्या शायद अपनी उसी अजीब पुरानी गाड़ी से
जिसे वे अप्रत्याशित कौशल से चलाते थे

कहाँ पार्क किया होगा उसे कैसे दाखिल हुए होंगे
ये शायद अवांतर प्रश्न हैं

क्या अपनी किसी मार्मिक कविता की शैली में कहा होगा
रघुवीर सहाय ने
कि मुझे दिनमान में अपमानित किया जा रहा है
मुझे डिमोट करके नवभारत टाइम्स में भेज रहे हैं
या फिर अपने किसी निबंध या कहानी के रूप में

लेकिन यह जरूर साफ़ कहा उन्होंने
कि आप बोलिए आप कुछ कहिए उनसे कि यह क्या बदतमीज़ी है
मैं नौकरी करने को तैयार हूँ
उसकी जो शर्तें हैं उन्हें मानता हूँ
लेकिन आप कहिए उनसे कि इस अपमान का मतलब क्या है

कुछ समय पहले स्वयं बेनेट कोलमैन से निकाले गए वात्स्यायन
किससे कहने की क्या ताकत रखते थे यह पता नहीं चलता है
लेकिन रघुवीर सहाय सब जानते हुए भी उनके पास गए
इससे लगता है कि वात्स्यायन तब भी
मालिक परिवार में से किसी शक्तिमान से
कुछ कहने की कूवत रखते थे

चुप रहे होंगे वात्स्यायन अपने सुरुचिपूर्ण बताए गए कक्ष में
किस कोने किस कलावस्तु को निहारते हुए यह पता नहीं
जिन प्रश्नों के उत्तर उनके पास नहीं होते थे या वे देना नहीं चाहते थे
उन्हें निपटाने की उनकी यही शैली बताई गई है

कई-कई बार कहा रघुवीर सहाय ने
देखिए मेरे साथ अन्याय हो रहा है

दुर्व्यवहार हो रहा है मेरे साथ
किंतु मौन रहे वात्स्यायन लाचारी अपराधबोध या खीझ में पता नहीं

जब उदास रघुवीर सहाय अंत में अकेले चले होंगे
और सबसे भरी सड़क पर मौन निहत्थे पहुँचे
तो क्या उन्हें याद आए होंगे 1949–51 के वे दिन
और उसके बाद का यह लंबा साथ तब तक का
क्या सोचते हुए उन्होंने डाली होगी चाबी इग्निशन में
और गाड़ी क्या स्टार्ट भी हुई होगी
या रोका उन्होंने कोई स्कूटर रिक्शा

क्या इसमें रघुवीर सहाय ने कोई सबक़ देखा होगा
कसैले तो नहीं हुए उनके वात्स्यायन से संबंध यह तो साफ़ है
लेकिन क्या यह नहीं सोचा होगा
कि उन जैसे आदमी की ज़िंदगी में भी कभी न कभी ऐसा वक़्त आता है
जब कोई मदद नहीं देता कहीं कोई उम्मीद नज़र नहीं आती
जिनके हाथ में सत्ता है वे एक दिन अपमानित कर ही देते हैं आदमी को
और जिनके हाथ में उप–सत्ता थी वे रह जाते हैं चुप

अचानक पहचानी होगी फिर से
रघुवीर सहाय ने अपनी ही कविता इस समाज में
अपने मानव होने का एक और अर्थ
और वह दर्पहीन लड़ने की एक अलग तरह की उदास करुणा बनकर
आया होगा उनमें

जैसे पहचानता–सा लगता हूँ मैं
जब मैं कल्पना करता हूँ अपनी अकथ विवशता में अपनी बैठक में मौन
अकेले वात्स्यायन को उनके अज्ञात विचारों के साथ छोड़
और गेट तक विदा देने आईं इला डालमिया को नमस्कार कर
सिर झुकाए रघुवीर सहाय के धीरे–धीरे सड़क पर आने की

न हन्यते

धरम की बात तो यह है बाबूजी कि उन दिनों हमने भी कुछ मारे
अस्सी के पास अब हमारी उम्र हो चली
और पहली बार आपको ही बतला रहे हैं
वो भी इसलिए कि आपकी मज्जिद वाली बात से बात निकल आई
और मोहल्ले की बेटी आपको दी है
तो आप जैसे पढ़े-लिखे समझदार से इस आखिरी बखत छिपाना क्या
उस जमाने में हम कुदसिया घाट वाले बजरंग गुरू के अखाड़े में जाते थे
कूचा सुखानन्द से हम थे बैदवाड़े से ठाकुरदास
चेला कूचा से अजीत सिंह आते थे गोंडनी के कटरे का था चुन्नीलाल
जेठामल कूचा महारानी से पहुँचता था रामहेत मालीवाड़े में रहता था
गली बताशों वाली से धूमीमल खन्ना कूचा पंडित से चंडी मिसर आता था
बल्लीमारों में चौधरी हिम्मतसिंह की हवेली थी
और चंपतसिंह था छत्ता गोकलशाह वाला
बिला नागा पहुँचते थे सब पूरी पिलैनिंग अखाड़े में होती थी
रोज सुनते थे आज इतने हिंदू कतल कर दिए
इतनी बहू-बेटियों को बिगाड़ा भगा लिया चंडालों ने
जाने कितनों को जबर्दस्ती गऊमांस खिलाकर अपने में मिला लिया
निचली जातों को भड़काया फुसलाया
फिर मालूम पड़ा कि दिल्ली स्टेशन पर
हिंदुओं की लाशों से भरी गाड़ियाँ आ रही हैं

तो हमारी कमेटी ने भी अपना काम शुरू किया
उनकी एक मज्जिद तो यहाँ बीचोंबीच खारी बावली में ही थी
लेकिन यहाँ उनको खतरा था इसलिए यहाँ उनका आना जाना तो बंद था
हमारा भी इकट्ठा निकलना ठीक नहीं था और दिन रहते तो बिलकुल नहीं
सो अँधेरा होने पर ही निकलते थे और वो भी अलग-अलग
फिर मुकर्रर जगह पर मिलते थे
छुरा चाकू लेकर चलने में गिरफ्तारी का डर था

वैसे भी पहलवान आदमी खून-खराबा पसंद नहीं करता और
अपन ठहरे दोनों टाइम पूजा-पाठ वाले घर से सो
एक पतला अँगोछा और एक मजबूत रस्सी का टुकड़ा रखते थे थैली में
झपट कर किसी अँधेरे कोने में घसीट लेना
बस मुँह पर बाँधना और गठान लगा के अल्ला के पास पहुँचा देना
तय कर लेते थे कि आज फतहपुरी के नजीक कारवाई करनी है या
कभी चावड़ी चूड़ीवालों या घूम के चितली कबर तुर्कमान तक चले जाते
अस्पताल वो लोग बहुत आते थे वहाँ आसानी होती थी
मगर जामा मस्जिद या मटियामहल बाजार के जितने पास जाओ
उतना अपनी जिंदगी को खतरा था
दो-एक बार तो मलेच्छों ने हमें भाँप लिया और हमले भी हुए
चुन्नीलाल हिम्मतसिंह और ठाकुरदास एक दफा बहादुरी दिखाने
सुनहरी मज्जिद तक निकल गए थे बड़ी मुस्किल से भागकर बचे
चुन्नीलाल को पीठ पर हलका-सा चाकू लगा
फिर यह तय किया कि शाहदरे वाले लोहे के पुल से
ये लोग बहुत आते-जाते हैं
और वहाँ दोनों तरफ नीचे मुलाकात और छिपने की जगह भी बहुत है
सो कसरत और अस्नान-ध्यान के बहाने
रात से लेकर मुँह-अँधेरे तक कभी इस किनारे बैठ जाते कभी उस
इक्कों और ताँगों को नहीं छेड़ते थे
पर पैदलों और साइकिलवालों को सलाम या आदाबर्ज वगैरह कहकर रोक लेते
पहचानने के और भी तरीके थे
अकसर तो यही दर्जी नाई भिश्ती जुलाहे तरखान मिस्त्री झल्लीवाले होते थे

कुछ तो पता नहीं कैसे हमें पहचान जाते थे
पंडज्जी लालाजी ठाकुर साहब कहकर पैरों पर गिरने लगते थे
ऐसों को तो छोड़ ही नहीं सकते थे
सो काम खत्म किया वहीं बोरे रखते थे उन्हीं में डाला
रस्सी में बाँधा और नीचे जमनाजी में घसीटकर बहा दिया

किशन भगवान ने गीता में कहा है कि पापियों को मारने से पाप नहीं लगता
फिर भी छीना-झपटी से इतनी घिन हो जाती थी
कि जमनाजी में अस्नान कर निगमबोध के हनुमानजी को सिर नवा
कौड़िया पुल के पास गरम दूध पीकर ही लौटते थे
घाट पर नहाने वाले हर घड़ी रहते थे लेकिन सब समझते थे
कुछ सायद डर के मारे चुप रहते थे
आजादी के एक-दो महीने बाद तक ऐसा चला
फिर ये लोग भी बहुत सारे दिल्ली छोड़ गए
इधर हमारा जोस भी ठंडा पड़ गया
ब्यौपार-धंधा बढ़ने लगा बुजुर्ग गद्दी पर बैठने को कहने लगे
पहलवानी छोड़ दी कब तक गधापचीसी चलती और गिरस्ती से बचते
साथ के कुछ तो चल बसे कुछ को बाईजियों और सराब ने बर्बाद कर दिया
लेकिन जो बचे वो आज देखो चौक फव्वारे नई सड़क के करोड़पति रईस हैं
बाजार और बिरादरी में उनके नाम का सिक्का चलता है
कोई इस पार्टी के साथ है तो कोई उसके
इलेक्सन जीत रहे हैं पेपर में फोटू छपते हैं
और अब तो यहाँ की हवेलियाँ बेच-बेचकर कहाँ
कुतुब मीनार और पालम से आगे रहने चले गए
और आज कभी उनसे उन दिनों का जिकर करो हँसी-हँसी में
तो अगल-बगल देखकर कहते हैं
आपको भी पंडिज्जी कहाँ-कहाँ की बातें याद रहती हैं
हमें तो ख्याल तक नहीं आता
वो जवानी के दिन थे अब तो नाती पोते हो गए
चार बड़े लोगों में उठने-बैठने की हैसियत है
ये जमाना कुछ और है वो कुछ और था
जो जिसका किया था सो जमनाजी के जल के साथ बह गया
ये तो आखिरी बखत है
अब जितना भला कमा लोगे वही साथ जाएगा—
सो हम भी बाबूजी अब परमात्मा से लौ लगाए हुए हैं

गुंग महल

खुली बहसों को दावत देना
रवादार शहंशाहों को भी परेशानी में डाल देता था

हिजरी 987-88 के दौरान दीवान-ए-ख़ास में
जब इस बात पर मुबाहिसा हुआ
कि खुदावंद की बनाई सबसे उम्दा शय अशरफ-उल-मखलूकात
आदमजाद की वाहिद पैदाइशी मुकद्दस जुबान क्या थी
तो काजी और उलमा इस पर यकराय थे
कि अल्लाह की जुबान अरबी है
जिसमें उसने कुन् कहकर कायनात को वजूद बख्शा
और किताब-उल-मुबीन को नबी पर तारी किया

उधर ब्राह्मण और दूसरे दरबारी सवर्ण
पूरी भयभीत विनम्रता किंतु क्षमायाचना-भरी दृढ़ता से कहते रहे
कि वेद जो सृष्टि के प्राचीनतम ग्रंथ हैं और ईश्वर-विरचित ही हैं
चूँकि संस्कृत में हैं जिसे नाम ही देवभाषा का दिया गया है
अतएव इस पुनरावृत्ति की आवश्यकता नहीं है
कि परब्रह्म किस वाणी में बोलता है—
मंद स्वर में उन्होंने पाणिनि का भी उल्लेख किया

अनपढ़ होने के बावजूद
आक-ए-जीशान जलालुद्दीन मुहम्मद अकबर
एक ऐसा बादशाह था जिसे चीजों के साथ तज्रिबे करने
और उन्हें सही या बातिल साबित करने में बेदार दिलचस्पी थी

चुना उसने बीस हामिला हिंदू मुसलमान औरतों को
जो कमोबेश एक ही वक्त में माँ बनने वाली थीं
और जच्चगी के फौरन बाद भेज दिया फकत उनकी औलादों को

उस महल में जिसे आगरे में दूर नीम-बियाबान में
खास इसी मकसद से आनन-फानन बनवाया गया था
जहाँ सिर्फ धाएँ थीं और आयाएँ और चंद दूसरे अहलकार औरत-मर्द
जिन सबको हुक्म था कि उनके मुँह पर पट्टी रहेगी
वे पालेंगे इन बच्चों को लेकिन उनसे और आपस में कतई बोलेंगे नहीं
वर्ना उनकी जुबान कलम कर ली जाएगी
और उस महल में जो दूसरे कारिंदे आएँगे वे भी अपना मुँह बंद रखेंगे

मुआवजे दिए गए थे इन बच्चों के वास्ते
या इन्हें निजाम के काम से तलब कर लिया गया था
यह पता नहीं चलता
यही बताया गया है
कि जिल्ले-इलाही जानना चाहते थे कि ये बच्चे
जब बोलने लायक होंगे तो कौन-सी जुबान बोलते पाए जाएँगे
अरबी संस्कृत या कोई और

महीने बीत गए तीन-चार बरस भी
कि आलमपनाह को फतहपुर से दूर उस महल की याद आई
जिसकी बेजुबान खामोशी की वजह से आसपास के काश्तकारों गूजरों ने
उसे नाम दे दिया था गुंग महल

10 अगस्त 1582 को गया बादशाह
अपने बहस करने वाले दरबारियों के साथ उस इमारत तक
जहाँ अब भी गूँगे बने हुए औरत-मर्द पाल रहे थे बच्चों को
इन बरसों में मुँह पर पट्टी बाँधे कारकून
लाए थे रसद तनख़्वाहें और बाक़ी साज़-ओ सामान

चुप्पी तुड़वाई अकबर ने अड़तालीस महीनों की और हुक्म दिया औरतों को
जिनके गलों की नसें तक जड़ हो चुकी थीं
और जो अब खुद सिर्फ इशारों में बात कर सकती थीं
कि बच्चों को हाजिर किया जाए

आलीजाह मुल्लाओं पंडितों आलिमों के सामने
पेश किए गए बीस बच्चे
जो बेहद सहमे हुए थे
ऐसे और इतने इंसान उन्होंने कभी देखे न थे
लेकिन कहा महाबली ने मुस्कराकर उनसे अरबी में :
बोलो

घबराकर पीछे हटने लगे बच्चे
तब शाहंशाह ने पुचकार कर एक से संस्कृत में बोलने को कहा
इशारा पाकर सभी उलेमा और पुजारी
हौसला बढ़ाने लगे बच्चों का अलग-अलग दोनों भाषाओं में

जो गुँगियाने लगे पीछे हटते हुए
कुछ कुत्तों सियारों भेड़ियों की तरह रोने लगे
कुछ नर्राने लगे दूसरे जानवरों परिंदों की मानिंद

बादशाह ने तब उनसे तुर्की दकनी उर्दू ब्रज कौरवी सबमें कहा बोलने को
पचास दरबारी और भी जुबानों में इसरार करते रहे उनसे

अब बच्चों की आँखें निकल आई थीं
उनके कँपते बदन ऐंठ रहे थे वे मुँह से झाग निकालने लगे
कुछ ने दहशत में पेशाब और पाखाना कर दिया
फिर वे दीवार के सहारे दुबक गए एक कोने में पिल्लों की तरह
और उनके मुँह से ऐसी आवाजें निकलने लगीं
जो इंसानों ने कभी इंसान की औलाद से सुनी न थीं

थर्रा गया अकबर इसके मायने समझकर
कलेजा उसके मुँह में आ गया
वह यह तो कहता था कि दुनिया में पैगंबर अनपढ़ हुए हैं

चुनान्चे हर खान्दान में एक लड़का उसी तरह उम्मी छोड़ा जा सकता है
लेकिन बच्चों को इस तरह गूँगा देखने का माद्दा उसमें न था
उसने चीखकर हुक्म दिया बोलना शुरू हो यहाँ बेखौफ़ और मनचाहा
सौंप दो इन बच्चों को इनके वाल्दैन सरपरस्तों को
फौरन खाली करो इस मनहूस महल को
आइंदा यहाँ ऐसा कुछ न हो

यह पता नहीं चलता है
कि उन बच्चों के कोई अपने बचे भी थे या नहीं
उन बीस माजूरों को किस-किसने पहचाना और अपनाया
उन्हें कभी कोई जुबानें आईं भी या नहीं
वे अपने घर बसा पाए या नहीं

चुन दिए गए गुंग महल के सभी रोशनदान खिड़की-दरवाजे
आसपास के गाँवों में अफवाह फैल गई
कि उसके भीतर से अब भी गूँगों की
जानवरों जैसी आवाजें आती हैं
धीरे-धीरे ढह गया गुंग महल
कुछ बरसों तक रहे खंडहर में सियार लोमड़ियाँ और चमगादड़ें
आगरा के पास की इस शाही तज्रिबागाह का तो क्या
उस फैजाबाद का भी कोई नामोनिशान नहीं मिलता
जहाँ एक दिन पहले बादशाह सलामत ने मकाम फर्माया था

अकबरनामा में उस रात जिल्ले-इलाही की
तहज्जुद की नमाज की यह दुआ भी दर्ज नहीं है
कि कभी-कभार मैं तेरे नबी को लेकर हँस लेता था
लेकिन मेरे अल्लाह मेरा यह आजमूदा कुफ्र भी माफ कर
कि खुदाई जुबान जैसी कोई चीज नहीं है

वह शायद इसलिए कि जब अकबर ने यह फरियाद की
तो उसके बहुत कुछ जान चुके जेहन का एक कोना
एक नए खौफ के मारे हमेशा के लिए गूँगा हो चुका था

ज़िल्लत

अजीबोगरीब वाकयात से
इस समाज के नए संकट दिखाई पड़ते हैं

उस दिन जब मालवा एक्सप्रैस में
एक हीजड़े ने ताली बजाकर एक रुपया माँगा
तब रुपया तो मैंने उसे नहीं दिया
लेकिन सोच्च में पड़ गया
कि दो साल पहले कहीं यही तो नहीं था
जिसने रात दस बजे
रिंग रोड के यूकैलिप्टसों के बीच से अचानक निकलकर कहा था
बाबूजी बीस रुपए देना हम मुँह से ही कर देंगे

हीजड़ों के उस प्रारंभिक पतन से
मुझे उस रात सड़क किनारे पेशाब कर लेने के बाद भी दहशत हुई थी
क्योंकि बारह बरस पहले
तुर्कमान गेट के उनके रचे-बसे मुहल्ले में जाकर
अखबार के लिए मैं उनके इंटरव्यू ले चुका था
और तब वे अपनी सामूहिकता में हमेशा की तरह
मुँहजोर और दबंग थे

लगातार मखौल का निशाना होने के बावजूद
हीजड़ों ने समाज में अपनी आतंक और भयादोहन फैलाने वाली
छवि बनाने में हैरतअंगेज कामयाबी पाई है

वे शादियों और जच्चगियों पर
टोलियाँ बनाकर मुहल्लों में घूमते रहे हैं
आसामी और अवसर के महत्त्व के मुताबिक
न्यूनतम इक्यावन से लेकर सैकड़ों रुपयों की माँग करते हुए
उन परिवारों से जो अकसर उन्हें कुछ देना नहीं चाहते
इसलिए उनके नाच-गाने के दौरान ही
भुक्तभोगी बुजुर्गों के समझाने के बावजूद
कुछ जोशीले जवाँमर्द उन्हें खदेड़ने की पहल करते
तो वे अपने लहँगे साड़ियाँ अपने सिर पर रखकर
शर्मिंदा करने वाली अपनी लाचारी का मुजाहिरा करने लगते
कभी न देखी-सुनी गईं अश्लीलतम भंगिमाओं गालियों का आदान-प्रदान होता

मैंने ऐसे शुभ अवसरों पर हीजड़ों को कभी-कभी जानवरों सरीखा पिटते देखा है
जूतों घूँसों से लहूलुहान मुँह लिए हुए भी
एक साथ गालियाँ और दुआएँ देते वे फिर तभी जाते हैं
जब तक वे अपनी मूल माँग से दुगना-तिगना इनाम नहीं ले लेते

हिंदी फिल्मों में उनका चित्रण फूहड़ और सतही हुआ है
जबकि मैंने उन्हें डिलाइट सिनेमा में भी पाया है
अपने भड़कीले नायलानों और सस्ते स्नो-पाउडर-सैंट में
बाल्कनी में बैठे सबसे तमकनत-भरी आँखें मिलाते हुए
दूर की सीटों पर कुछ शौकीन सहदर्शकों की सुरक्षित भयभीत फब्तियों का
चुनौती-भरे अपने नखरीले स्वर में जवाब देते हुए
संपन्न लगते थे वे
ब्लैक में सौ रुपए की टिकट लेना
अब अच्छे-अच्छे मर्दों के बस की बात नहीं रही

तो फिर यह क्या हुआ है मैं सोचता रहा
एक अकेला हीजड़ा इस तरह फटाका बजाकर एक रुपया माँगता हुआ

और जितनी कमाई हो गई उसके बाद गाड़ी चलने से पहले
लेडीज़ केबिन की हँसमुख महिला यात्रियों से बातें करके जाता हुआ
माजरा क्या है
हीजड़ों में जो वर्ग-विभाजन रहा होगा क्या वह अब आत्यंतिक होता जा रहा है
इधर क्या हीजड़ों की माँग घटी है
क्या प्रतियोगी वेश्याओं ने उनका बाज़ार भी ले लिया है
या लोगों के असामान्य शौक भी बदल रहे हैं
और वे अब टेलीविजन और अंग्रेजी अखबारों के चिकने परिशिष्टों में
दिखने वाले मॉडलों में दिलचस्पी ले रहे हैं
जिनके बारे में दिन-ब-दिन यह तय कर पाना कठिनतर होता जा रहा है
कि वे औरत हैं या मर्द

जो भी हो साफ़ है
कि हीजड़ों की गर्वीली लड़ाकू बिरादरी हर जगह संकट में है
मैंने मुंबई में भी लोखंडवाला के पास
चौराहे पर उन्हें मोटरों तिपहियों की सवारियों से पैसे माँगते देखा है
भारत के करोड़ों ग़रीबों में हीजड़ों का शामिल हो जाना हैबतनाक है
अभी तो जो हीजड़ा ताली बजाकर गया है
उसकी आवाज और हरकतों में वह ढिठाई और टेढ़ कुछ बाकी थी
जो हीजड़ों की विरासत है
लेकिन शायद एक दिन ऐसा आए
जब वह तुम्हारे पास आकर चुपचाप खड़ा हो जाए
और तुम उसके बदन से उठती उस अलग तीखी बू
और तुम्हारे आगे बढ़ी हुई हथेली से ही उसकी मौजूदगी जानो
और अपनी आवाज को भरसक सामान्य रखता हुआ
जब वह तुम्हारे कुछ न देने पर भी बिना ताली बजाए आगे बढ़ जाए
उस दिन तुम समझ जाओगे कि हीजड़ों की खुद्दार कौम तक को
जिसे वेश्याओं की तरह सड़कों के किनारे खड़ा होना मंजूर नहीं था

सरे-बाज़ार अपना पेशा और धरम छोड़ना पड़ा
और प्लेटफार्मों और लाल बत्तियों पर अपाहिजों की तरह
भीख माँगने पर मजबूर हुई
देश का इतना पतन हुआ

हर शहर में एक बदनाम औरत होती है

कोई ठीक-ठीक नहीं बता पाता उसके बारे में
वह कुँआरी ही रही आई है
या उसका ब्याह कब और किससे हुआ था
और उसके कथित पति ने उसे
या उसने उसको कब क्यों और कहाँ छोड़ा
और अब वह जिसके साथ रह रही है या नहीं रह रही
वह सही-सही उसका कौन है
यदि उसको संतान हुईं तो उन्हें लेकर भी
स्थिति अनिश्चित बनी रहती है

हर शहर में एक बदनाम औरत होती है

नहीं वह उस तरह की बदनाम औरतों में नहीं आती
वर्ना वह इस तरह उल्लेखनीय न होती
अकसर वह पढ़ी-लिखी प्रगल्भ तथा अपेक्षाकृत खुली हुई होती है
उसका अपना निवास या फ्लैट-जैसा कुछ रहता है
वह कोई सरकारी अर्धसरकारी या निजी काम क़रती होती है
जिसमें ब्यूटी सैलून नृत्य-संगीत स्कूल रेडियो टी.वी. एन.जी.ओ. से लेकर
राजनीतिक तक कुछ भी हो सकता है
बताने की जरूरत नहीं कि वह पर्याप्त सुंदर या मोहक होती है
या थी लेकिन अब भी कम वांछनीय नहीं है

जबकि सच तो यह है
कि जो वह वाकई होती है उसके लिए
सुंदर या खूबसूरत जैसे शब्द नाकाफी पड़ते हैं
आकर्षक उत्तेजक ऐंद्रिक काम्या
सैक्सी वॉलप्चुअस मैन–ईटर टाइग्रेस–इन–बैड आदि सारे विशेषण
उसके वास्ते अपर्याप्त सिद्ध होते हैं
अकसर तो उसे ऐसे नामों से पुकारा जाता है
जो सार्वजनिक रूप से लिए भी नहीं जा सकते
लेकिन बेशक वह जादूगरनियों और टोनहियों सरीखी
बल्कि उनसे भी अधिक मारक और रहस्यमय
किसी अलग औरत–जात की तरह होती है
उसे देखकर सम्मोहन और आतंक एक साथ पैदा होते हैं

वह एक ऐसा वृत्तांत ऐसी किंवदंति होती है
जिसे एक समूचा शहर गढ़ता और संशोधित–संवर्द्धित करता चलता है
सब आधिकारिक रूप से जानते हैं कि वह किस–किस से लगी थी
या किस–किस को उसने फाँसा था
सबको पता रहता है कि इन दिनों कौन लोग उसे चला रहे हैं
कई तो अगल–बगल देखकर शनाख्त तक कर डालते हैं
कि देखो–देखो ये ये उसे निपटा चुके हैं
उन उनकी उतरन और जूठन है वह
स्वाभाविक है कि यह जानकारियाँ सबसे ज्यादा और प्रामाणिक
उन दुनियादार अधेड़ या बुजुर्ग गृहस्थों के पास होती हैं
जो बाकी सब युवतियों स्त्रियों को साधिकार बिटिया बहन भाभी कहते हैं
सिर्फ शहर की उस बदनाम औरत को उसके नाम से पुकारते हैं
और वह भी मजबूरन
और उसकी संतान हुई तो कभी उनके मामा नाना या चाचा नहीं बनते

उस बदनाम औरत के विषय में अकसर इतने लोग बातें करते हैं
खुद उससे इतने लोग अकसर बातें करते या करना चाहते हैं
उसके पूर्व या वर्तमान प्रेमियों से इतने लोग इतना जानना चाहते हैं
उसके साथ इतने लोग संयोगवश दिखना चाहते हैं
उसे इतनी जगहों पर उत्कंठा और उम्मीद से बुलाया जाता है
कि यह निष्कर्ष अपरिहार्य है कि उसका वजूद और मौजूदगी
किसी अजीब खला को भरने के लिए दुर्निवार हैं
जो औरतें बदनाम नहीं हैं उनका आकर्षक दुःस्वप्न
और उनके उन मर्दों के सपनों का विकार है वह बदनाम औरत
जो अपनी पत्नियों को अपने साथ सोईं देखकर
उन्हें और अपने को कोसते हैं
सोचते हैं यहाँ कभी वह औरत क्यों नहीं हो सकती थी
उसके सफल कहे जाने वाले कथित प्रेमियों के बारे में सोचते हैं
कि ऐसी सस्ती औरत ही स्वीकार कर पाती होगी इतने घटिया लोगों को
फिर सोचते हैं सब झूठ बोलते हैं कमीने शेखीबाज
ऐसी चालू औरतें ऐसों को हाथ तक नहीं रखने देतीं
आशंका और आश्वस्ति के बीच वे अपनी सोती पत्नियों को देखते
उनके सद्‌गुणों से द्रवित बाधामुक्त होते हैं

अध्ययन से मालूम पड़ जाएगा
कि शहरों की ये बदनाम औरतें बहुत दूर तक नहीं पहुँच पातीं
निचले और बीच के तबकों के दरमियान ही आवाजाही रहती है इनकी
न उन्हें ज्यादा पैसा मिल पाता है और न कोई बड़ा मर्तबा
वे मँझोले ड्राइंग रूमों औसत पार्टियों समारोहों सफलताओं तक ही
पहुँच पाती हैं क्योंकि उच्चतर हलकों में
जिन औरतों की रसाई होती है वे इनसे कहीं ज़हीन और मुहज्जब होती हैं

ऐसी बदनाम औरत को अलग-अलग वक्तों पर
जिनके साथ वाबस्ता बताया जाता है

क्या वाकई वह उनसे प्रेम जैसा कुछ करती थी और वे उससे ?
क्या उन्होंने इससे फायदा उठाया
या वह भी उतने नुकसान में नहीं रही ?
क्या, जैसा कि एक खास रूमानियत के तहत माना जाता है,
उसे किसी आदर्श संबंध की तलाश है ?
या कि उसे फितरतन हर छठे महीने एक नया मर्द चाहिए
या वह अपनी बनावट के उन संवेगों से संचालित है
जिन्हें वह भी नहीं समझती ?
कुछ कह नहीं सकते
ऐसी किसी औरत से कभी किसी ने अंतरंग साक्षात्कार नहीं लिए हैं
न उसका मनोवैज्ञानिक अध्ययन किया गया है
और स्वयं अपने बारे में उसने अब तक कुछ कहा नहीं है
उसे हँसते तो अकसर सुना गया है
लेकिन रोते हए कभी देखा नहीं गया

यह तो हो नहीं सकता कि उस बदनाम औरत को
धीरे-धीरे अपनी शक्तियों का पता न चलता हो
और इसका कि लोग उससे कितनी नफ़रत करते हैं
लेकिन कितनी शिद्दत से वे वह सब चाहते हैं
जो वह कथित रूप से कुछ ही को देती आई है
बदनाम औरत जानती होगी कि वह जहाँ जाती है
अपने आस-पास को अस्थायी ही सही लेकिन कितना बदल देती है
कभी-कभी सार्वजनिक या एकांत उसका अपमान होता होगा
शायद वह भी किसी को तिरस्कृत करती हो
फ़ाहशा कहलाने का जोखिम उठाकर
घर और दफ्तर में उसे घिनौने और डरावने फोन आते होंगे
अश्लील चिट्ठियों की वह आदी हो चुकी होगी
रात में उसके बरामदे के आगे से खुली फब्तियाँ कसी जाती होंगी
खिड़कियों के शीशे पत्थरों से टूटते होंगे

यदि वह रिपोर्ट दर्ज करवाने जाती भी होगी
तो हर वर्दीवाला उसकी तरफ़ देखकर मुस्कराता होगा

जो औरतें बदनाम नहीं हैं
उनका अपनी इस बदनाम हमजात के बारे में क्या सोच है
इसका मर्दों को शायद ही कभी सही पता चले
क्योंकि औरतें मर्दों से अकसर वही कहती हैं
जिसे वे आश्वस्त सुनना चाहते हैं
लेकिन ऐसा लगता है कि औरतें कभी किसी औरत से
उतनी नफरत नहीं करतीं जितनी मर्दों से कर सकती हैं
और बेशक उतनी नफरत तो वे वैसी बदनाम औरत से भी कर नहीं सकतीं
जितनी मर्द उससे या सामान्यत: औरतों से कर पाते हैं
अगर हर फुर्सत में एक नई औरत को हासिल करना
अधिकांश मर्दों की चरम फंतासी है
तो बदनाम औरत भी यह क्यों न सोचे
कि अलग-अलग या एक ही वक्फे में कई मर्दों की सोहबत भी
एक शगल एक खेल एक लीला है
और कौन कह सकता है कि उसमें सिर्फ वही गँवाती है
संभव है कि औरतों में ही इसे लेकर मतभेद हों
लेकिन यदि मर्द औरत का इस्तेमाल कर सकता है
तो बदले में औरत उसका इस्तेमाल क्यों न करे
और आखिरी बात तो यह
कि अगर मर्द को हर दूसरे दिन एक नया जिस्म चाहिए
तो औरत वह बदनाम हो या नेकबख्त
वैसा ही चाहे तो वह उसका हक कैसे नहीं ?

शहर की ऐसी बदनाम औरत
यदि वाकई भयभीत और शोकार्त होती होगी
तो शायद उस क्षण की कल्पना कर

जब एक दिन वह अपनी संतान का अपमान जानेगी या देखेगी
या उसे अचानक बदला हुआ पाएगी
उसकी आँखों में पढ़ेगी वह उदासी और हिकारत
देखेगी उसका दमकता चेहरा अचानक बुझा हुआ
समझ जाएगी कि उसके बारे में सही और गलत सब जान लिया गया है
कोई कैफियत नहीं देगी वह शायद
सिर्फ इंतजार करेगी कि उसकी अपनी कोख से बना हृदय तो उसे जाने
और यदि वैसा न भी हुआ
तो वह रहम या समझ की भीख नहीं माँगेगी
सबको तज देगी अपने अगम्य अपनेपन को नहीं तजती
शहर की वह बदनाम औरत

ऐसी औरत के आख्यान खुद उससे कहीं सर्वव्याप्त रहते हैं
वह कब छोड़कर चली जाती है शहर
और किस वास्ते किसके साथ यह मालूम नहीं पड़ता
फिर भी उसे जहाँ-तहाँ एकाकी या युग्म देखे जाने के दावे किए जाते हैं
ऐसी औरत की देह के
सामान्य या अस्वाभाविक अवसान का कभी कोई समाचार नहीं मिलता
कभी-कभी अचानक किसी नामालूम रेलवे स्टेशन या रास्ता पार करती भीड़
या दोपहर के सूने बाजार में अकेली वह वाकई दिखती है अपनी ही रूह जैसी
उसकी उम्र के बाजवूद उसकी बड़ी-बड़ी आँखों उसकी तमकनत से
अब भी एक सिहरन दौड़ जाती है
उसकी निगाहें किसी को पहचानती नहीं लगतीं
और लोगों और चीजों के आर-पार कुछ देखती लगती हैं
शायद वह खोजती हो या तसव्वुर करती हो अपने ही उस रूप का
स्वायत्त छूटकर जो जाने कहाँ किसमें विलीन हो चुका ले चुका अवतार
शायद उसी या किसी और शहर की अगली बदनाम औरत बनकर

वृंदावन की विधवाएँ

वृंदावन में सबसे पहली विधवाएँ कौन-सी आई थीं
कहीं कोई उल्लेख नहीं कोई प्रमाण नहीं
लेकिन जाने क्यों ऐसा विश्वास-सा होता है
कि वे वही रही होंगी
जिन्होंने बूढ़े अर्जुन की अशक्त सुरक्षा के बावजूद
दस्युओं के साथ जाना स्वीकार नहीं किया
लेकिन अपने आतंक में भागकर वे किसी तरह बच निकली होंगी

उन्हें कृष्ण की मृत्यु में विश्वास न हुआ होगा
सोचा होगा उन्होंने
जो मायावी ब्रज छोड़कर द्वारका आ सकता है
वह वापस मथुरा भी लौट सकता है

खोजती हुई वे पहुँची होंगी वृंदावन
जहाँ वृद्धा राधा ने भी उनसे कहा होगा
मरण छू नहीं सकता उसे
यहीं कहीं है वह गोपीवल्लभ

और बूढ़ी हुई होंगी द्वारका की रानियाँ चेरियाँ गिरस्तिनें नगरवधुएँ
बरसाने की गूजरियों के साथ
किसी-न-किसी को उनमें से दिखे ही होंगे कृष्ण
यह कौन पूछना चाहती कि कैसे
किंतु सभी को दिखे होंगे सखा की तरह
मृत्यु के पास पहुँचते-पहुँचते
अधिकांश बन गई होंगी यशोदा और देवकी
और उन्होंने देखा होगा मिट्टी खाया मुँह खोले हुए
कान्हा के तालू के नीचे ब्रह्मांड को महारास को और उसमें अपने को

वृंदावन की पहली विधवाएँ
तब स्वीकार कर चुकी होंगी अपने वैधव्य को
अपनी मृत्यु और कृष्ण के परमधाम गमन को
किंतु उन्होंने फिर कहा होगा हाँ हमने कल ही देखा था
कृष्ण को कालिंदी के तट पर काम्यवन में

बाद की अभागिनें यह सब भूलती चली गईं
लेकिन वृंदावन में उनका आना बंद न हुआ
परंपराएँ बन जाती हैं उनका प्रारंभ विस्मृत हो जाता है
अब भी आती हैं वे पता नहीं क्या अथवा कौन-सा सखा खोजने

उनमें से भी शायद किसी को दिखते होंगे कृष्ण
लेकिन या तो वे अब किसी को बताती नहीं
या पहचानती नहीं द्वापर के उस लीलापुरुष को इस कलियुग में
जिसमें उन्हें सभा में नहीं
सड़क पर आना पड़ता है एकवस्त्रा जहाँ सब दिखाते हैं जाँघ
जाना होता है कीचकों के पास
जो केवल विराटनगर के अँधेरे में ही प्रतीक्षा नहीं करते
जहाँ अब दस्यु देते हैं दो जून की रोटी और रात का आसरा

1991 के एक दिन

कल मैं अपने पिता के बराबर हुआ
आज मैं उनसे एक दिन बड़ा हूँ

1968 के जिस दिन वे गुजरे थे जिस उम्र में
1991 के इस दिन मैं उसी उम्र का हूँ
यानी इक्यावन बरस और कुछ दिन

आज से मैं उनसे बड़ा होता जाऊँगा
कब नहीं रहूँगा उनसे कितना बड़ा होकर गुजरूँगा
यह कौन बता सकता है

त्रेता में पिता के रहते पुत्र की मृत्यु अधर्म का सूचक थी
जिसका शमन किसी पापरत शूद्र के शिरोच्छेदन से किया जाता था
पुत्र के जीवनकाल में पिता की मृत्यु स्वाभाविक मानी गई है
किंतु पिता को अल्पायु मिले और पुत्र उसे पार करता हुआ
पिता से दीर्घायु होता चला जाए यह भले ही अधर्मवत् न हो
मुझे ऐसा अपराध क्यों लगता है जिसका शमन मेरी मृत्यु से भी संभव नहीं

दूसरी तरफ मैं इससे भी लज्जित हूँ
कि सत्ताईसवें बरस में जब मैंने विवाह किया
तो मुझे 1946 में गुजरी अपनी सत्ताईस वर्षीया माँ का स्मरण तो रहा
लेकिन उससे बड़ा होने का एहसास क्यों नहीं हुआ
क्या इसलिए कि मैं उसकी मृत्यु पर छह बरस का ही था
माँ की मौत मुझे इतनी दूर क्यों लगती है कि समय से परे हो
पिता की मृत्यु अभी कल हुई घटना की तरह क्यों दिखती है

1967 से मैं माँ से बड़ा हो रहा हूँ
1991 में अपने पिता से
लेकिन मुझे यकीन हो चुका है कि हमारी उम्र
माता-पिता के सामने कहीं रुक जाती है
फिर सिर्फ कैलेंडरों के पन्ने पलटते हैं हम बड़े नहीं होते
मसलन माँ के सामने मैं कभी
स्कूल से पकड़कर लाए गए पाँच बरस के ऊधमी से बड़ा न हो सका
और पिता के बरक्स मेरी उम्र घर छोड़कर शर्मिंदा लौटे हुए
सोलह बरस के असफल विद्रोही से न बढ़ सकी
कभी-कभी और घट कर वह

उस पाँच बरस के संकोची ख़ुश बेटे की भी हो जाती है
जिसने होश सँभालने पर पहली बार उन्हें देखा था
जब वे फौज से लौटे थे

1991 के इस दिन से मैं लगातार उनसे बड़ा होता जाता हूँ
लेकिन उनके मुकाबले मेरी उम्र सत्रह की भी नहीं हो पाती
जबकि उन्हीं की तरह एक पत्नी का पति तीन संतान का पिता हूँ
दुनिया मैंने भी देखी है भुगता है भुगतमान
पर अपना कोई तज्रिबा बड़ी से बड़ी तकलीफ बल्कि सारी जिंदगी
उनकी ताउम्र चुप्पी के एक वक्फे के बराबर भी नहीं लगती
जो कभी टूटकर शर्मिंदा न हुई
जिसने शब्दों और शिकवों को खुदी का दुश्मन जाना

माँ ने निम्नमध्यवर्गीय अशराफजादी हिंदू सुहागन की
गूँगी गरिमामय मृत्यु का वरण किया था

उनकी आयु से यह बड़ा होता जाना एक दिन खत्म होगा
अपनी संदिग्ध दिग्विजयों और निरर्थक पराजयों के साथ
उनसे आगे तो क्या उनके कदमों की गर्द भी नहीं हो पाऊँगा
जब भी मिलूँगा उनसे
तो वह तत्कालीन विष्णु खरे की तरह संभव न हो सकेगा
होगा तो सिर्फ अमरावती से लौटे उस पशेमान बागी भगोड़े की तरह
उनके चेहरे पर वही किंचित् परिहास-भरी मुस्कान होगी
जो फौजी वर्दी में ताँगे से उतरते वक्त उस दिन भी थी
और वे फिर अपनी स्थायी चुप्पी में लौट जाएँगे
(माँ भरी साँस ठीक उसी तरह ख़ुद को दोष देती हुई दुखी होगी
जैसे गर्दन पकड़कर लाने वाले मिस्रा मास्साब के लौट जाने के बाद हुई थी
फिर कहीं से खोजकर अपने रुआँसे बेटे को कुछ खाने को देगी)

वाक्यपदीय

वह एक वाक्य बोलना चाहता था

जिसके प्रत्यय और अव्यय इस धरती से उठें
इसके सारे आवरणों से गुजरते हुए
चंद्रमा से टकराएँ
सूर्य तक परावर्तित होकर उसकी प्रदक्षिणा करती शेष संतति तक छिटकें
उनसे होते हुए पार कर जाएँ नीहारिकाएँ श्वेत वामन कृष्ण विवर
और वे सारी दुनियाएँ जो हुई थीं हैं और बनेंगी

कहते हैं ध्वनि दरअसल कभी मरती नहीं
सिर्फ दूर चली जाती है अनंतता में
वह चाहता है उसका वह वाक्य महान आदिविस्फोट का पीछा करे

एक बहुत लंबा वाक्य होगा वह
और वह चाहता था कि केवल ब्रह्मांड को ही न जोड़े
वह प्रत्येक जीवित और दिवंगत के बीच से भी गुजरे

अगणित स्थावर-जंगम की गतियों और स्थिरताओं में से
बहता बदलता वह एक विचित्र वाक्य होगा
सृष्टि के हर बिंदु से उसके अंश सुनाई देंगे उभरते मद्धिम पड़ते
कुछ शब्द कुछ टुकड़े कुछ विराम
किसी के हिस्से सिर्फ बीच की चुप्पियाँ

वह चाहता था वह वाक्य सारी कायनात की लुगत-जैसा लगे
जिसमें सारे समानार्थी-विरुद्धार्थी तो हों ही
सभी धातुरूप विभक्ति योग हों समस्त प्रस्तार-समुच्चयों में
सृष्टि की अष्टाध्यायी हो वह सारे सूत्रों-अपवादों सहित

सब कुछ पार्थिव तो उसमें आ ही जाए
वे विचार और अवधारणाएँ भी हों
जो अभी तक सोचे नहीं गए हैं या नहीं जा सकेंगे

उसके कुछ अंश मृदु हों और कुछ कठोर
कुछ में संगीत हो और कुछ सुने न जा सकें
कुछ में बहुत प्रेम हो कामनाएँ हों सौहार्द रहे
कुछ हिस्सों में घृणा हो शत्रुता और संतृप्ति
मानवीय और अमानुष का समास हो उसमें
कुछ अंशों में अर्थ हो कुछ नितांत अर्थातीत

चूँकि एक वाक्य अंततः ध्वनि ही होता है अपने शब्दों की
इसलिए वह जानना चाहेगा कि उनका उच्चार होने पर
जो नाद उठता है वह कैसा सुनाई देगा

और यदि उसमें सारा उक्त वांछित आ पाया
तो क्या यह कहा जा सकेगा
कि जो इसमें है वही बाहर था है और होगा
और जो इसमें नहीं है वह कहीं नहीं है

अपने इस वाक्य को वह
किसी अंतिम भाषाविद्-वैयाकरण तक पहुँचाना चाहता था
जो यदि हो तो उसके औचित्यों दोषों पर विचार करे
देखे कि यदि वह अशुद्धिरहित है तो उसका कोई अर्थ बन पाया या नहीं
और ऐसी अविवेकी आकांक्षा पर अपना निस्पृह निर्णय दे

यदि वह वाक्य ही अंततः सब कुछ में परिवर्तित न हो गया तब तक
या स्वयं सब कुछ की प्रतिरूप-ध्वनि न निकला
जिसमें सब विलीन और जीवित होते रहे
दोनों के प्रत्यय-अव्ययों के समुच्चय और प्रस्तार

प्रतिसंसार

वह बहुत पढ़ता और जो उसे अच्छा या आगे कभी फुर्सत से पढ़ने लायक लगता वह उसकी फोटोकॉपी करवा लेता इस तरह अनेक पत्रिकाओं किताबों और अखबारों से बहुत सारी छायाप्रतियाँ उसके पास हो गईं जीवन का शायद ही कोई विषय हो जिस पर किसी सामग्री को उसने एकाध बार इस तरह इकट्ठा न किया हो अकसर उसे ऐसी चीजें चूँकि उन पुस्तकालयों में मिलती थीं जहाँ प्रतिलिपियाँ पा लेने की सुविधा रहती है इसलिए वह उनकी मशीनों को चलाने वालों के संपर्क में आया जिनमें से कुछ सादर उसके हितैषी बने और कुछ ने उसे उनका काम बढ़ाने वाला एक सनकी समझा जबकि वह उनसे न तो कोई विशेष मेहरबानी चाहता था और न उनसे कोई फायदा उठाता था और नकल करवाए गए हर कागज की कीमत जो अब तक हजारों रुपयों तक पहुँच गई होगी ईमानदारी से चुकाता था बल्कि कभी-कभी वापस की रेजगारी छोड़ भी देता था लेकिन अपने प्रति भलाई रखने वाले मशीन चालकों से भी उसे इतना संकोच होने लगा था कि अपने पढ़े में से अच्छे लगने का स्तर भी वह बहुत दुविधा और अफ़सोस के साथ ऊँचा करने की कोशिश करता फिर भी जो कर्मचारी उसके प्रति कृपालु थे वे उसके इतने खर्च पर भी कभी-कभी एक फिक्रमंद अचंभा प्रकट करते और उसे साब या सर कहकर पूछते कि आखिर वह इतना क्यों और कब पढ़ता है क्योंकि वह लाइब्रेरी में बैठना भी कम नहीं करता जबकि सचाई यह थी कि छोड़ देने के बावजूद सहेजने लायक चीजों की तादाद बहुत ज्यादा नहीं घटी बल्कि उसने पाया कि यदि वह नियमित रूप से वहाँ नहीं जाता है तो उनकी संख्या दिल दहलाने और मायूस करने की हद तक बढ़ जाती है इसलिए वह यह करता कि जब मशीन पर कोई नहीं रहता तो वह उसके पास अपने अपेक्षित पृष्ठों पर पर्चियाँ लगाकर छोड़ देता और बार-बार जाकर यह निगरानी या सवाल न करता कि उसके वे पन्ने हो गए या नहीं यदि वह कोई किताब होती जिसका इजरा मुमकिन होता तो

वह बाजार के फोटोकॉपी वालों के पास जाता जो कुछ सस्ते भी होते हैं और यदि उन्हें नियमित या ज्यादा काम दो तो और भी वाजिब और अहसानमंद और वे भी तुम्हें पहचानने लगते हैं और तुम्हारा काम पहले लगा देते हैं लेकिन छपे या लिखे हुए कागजों के साथ कुछ अजीब है लोग उनमें दिलचस्पी लेने लगते हैं उन्हें पढ़ने की कोशिश करते हैं फिर सवाल करने लगते हैं और उनकी इस अंतरंगता के बदले तुम्हें खराब कागज और फीके या आड़े-तिरछे अक्स वाली नकल भी स्वीकार करनी पड़ती है और इस तरह उसके घर की टेबिलों कुर्सियों रैकों शैल्फों अतिरिक्त पलंगों मुड्ढों यहाँ तक कि बिस्तरों पर और फर्श के कोनों में भी कई साइजों और उम्र व रोशनी और धूल के मुताबिक कई रंगों की प्रतिलिपियाँ हो गई हैं जिनमें से कुछ के हाशियों पर उसने कुछ ऐसा लिखा भी था जो अब खुद उसे एक पहेली लगता है और अब होता यह है कि जब वह अपने कमरे की गर्द झाड़ता है या उसे करीने से जमाने की सोचता है तो अकसर उसकी आँखें इस या उस फोटोकॉपी पर रुक जाती हैं और वह यह सोचते हुए किसी खाली जगह पर बैठ जाता है कि इसे पहले ही पढ़ लेना चाहिए था या इसका उसने अब तक कोई इस्तेमाल क्यों नहीं किया इस तरह वह उठाता देखता रखता जाता है और इन प्रतिलिपियों से एक विचित्र विविध प्रकीर्णिका बनती रहती है एक अनपढ़े अनकिए का पुस्तकालय तैयार होता जाता है कितने लोग कितने विचार कितना सृजन एक समांतर संक्षिप्तीकृत संचयित प्रतिसंसार उसके यहाँ बढ़ता रहता है फिर भी खत्म नहीं होता वह जिसकी प्रतिलिपियाँ उसे अब भी चाहिए और वह लगातार लाता रहता है नए अक्स ताजा अनुकृतियाँ जिनमें उसे कुछ परिचित कुछ उपयोगी समझने लायक लगता है या ऐसा भी जो उसे अभी मालूम नहीं है या बाद में समझ आ जाएगा या शायद कभी भी समझ में न आए फिर भी उलझने के लायक हो क्योंकि कभी-कभी ऐसा भी हो जाता है कि यदि वह फौरन सहेजने में चूक गया तो वह मूल स्रोत या सामग्री या तो उसे कभी नहीं मिलते या फिर वह खुद उन्हें इस तरह भूल जाता है कि सिर्फ यह याद रहता है कुछ था जिसकी अपनी निजी प्रतिलिपि उसके पास होनी चाहिए थी

और एकाध दफा तो वह रात को उठकर सोचने लगता है कि वह क्या रहा होगा और कितना जो उससे छूट गया शायद अब हमेशा के लिए

आवाजाही

सुबह, जब आँख ठीक से खुलती भी नहीं,
सिरहाने की छत पर एक ऐसे पक्षी की आवाज़ सुनता हूँ
जो अपरिचित है—पक्षी और आवाज दोनों
उसे देखने के लिए मुझे अपनी छत पर जाना होगा
किंतु ऐसे संकोची विरल परिंदों को
हमेशा मालूम पड़ जाता है कि कोई उन्हें देखने वाला है
इसलिए वे एक शरारती बच्चे जैसी किलकिलाहट
या बनावटी नाराजगी की भुनभुनाहट के साथ तुरंत उड़ जाते हैं—
आनंद निकेतन में भी बिलकुल साफ आस्मान से
अचानक कभी भी एक बड़ा पक्षी आता था
और पानी की टंकी के अहाते में लगे पेड़ों में से
सदा सिर्फ एक पर ही बैठता था
और उसकी भी सबसे ऊँची फुनगियों में छिपा रहता था
फिर तीन चार दफा अपनी विचित्र अनोखी बोली बोलकर
अगले बरस तक के लिए अदृश्य हो जाता था
—उसके उस स्वर का वर्णन या अनुकरण करना व्यर्थ है
लेकिन यहाँ कठफोड़वा भी आता है देसी बुलबुलें भी
और तोते अकसर समूहों में छा जाते हैं
लेकिन जब बैठते हैं तो उनकी हरकतें कितनी हल्की लोचदार होती हैं
अतिपरिचय ने कौओं कबूतरों गौरैयों को अनुल्लेख्य बना दिया है
यदि और पक्षी न होते तो उनकी भी कद्र पहचानी जाती
किंतु दूर कभी-कभी मोर सुनाई देते हैं
और एक बंदर भी है जो बहुत चुप और गंभीर रहता है

इस पेड़ से उस बाल्कनी पर जाता हुआ भी
और साल-छमासे में एक ही बार आता है
बंदरों और मुझमें एक अजीब संबंध है
मैं हमेशा बता सकता हूँ कि अब एकाध दिन बंदर आएगा
भले ही हर बार वह वही बंदर न हो पर वह आता जरूर है
फिर रात में एक उल्लू सुनाई पड़ता है
जो एक-डेढ़ बजे तक बिजली के खंभों के पास से चला जाता है
कभी-कभी ढाई बजे रात टिटहरी की पुकार आती है
और उसके कुछ बाद दो बगुले
स्निग्ध समीपता में दिहाड़ी पर जाते दंपति की तरह
आपस में बहुत अंतरंग मंद गेंक-गेंक करते हुए
एक पुरसुकून गति में पुश्ते की तरफ उड़ जाते हैं
यहाँ दाना पानी और पेड़ कितने कम हैं
फिर भी यह होता रहता है
मैं यहाँ दस बरस से ही बसा हूँ
और इधर बस्तियाँ खड़ी हुए तीस बरस से ज्यादा नहीं हुए होंगे
तो उसके पहले क्या था यहाँ पर
कि ये सब अब भी नियमित रूप से आते जाते हैं
क्योंकि यहाँ जो नया है वह तो इन्हें इधर ला नहीं सकता
फिर वह पुराना क्या रहा होगा
उस अनदेखे पक्षी कठफोड़वे बुलबुलों तोतों लाल मुँह के बंदर
बोलते मोरों उल्लू टिटहरी बगुलों के सिलसिले कब के हैं
क्या तब यहाँ वह नदी बहती थी
जिसका नाम जमना नहीं था और जंगल भी था
या ये उनसे भी बहुत पहले की बातें हैं
जो इनके पुरखों ने इनमें बसा दी हैं कि ये आते ही हैं
जबकि मुझे देखो कहाँ से आया था और अब बहुत दिन इधर न टिकूँ
लगता है बहुत रह लिया इस जगह और जाने की सोचता हूँ
और मेरा बेटा भी शायद अब यहाँ कभी नहीं लौटना चाहता

नई रोशनी

अव्वल चाचा नेहरू आए
नई रोशनी वे ही लाए

इन्दू बिटिया उनके बाद
नई रोशनी जिन्दाबाद

हुए सहायक संजय भाई
नई रोशनी जबरन आई

फिर आए भैया राजीव
डली नई रोशनी की नींव

आगे बढ़ीं सोनिया गाँधी
पीछे नई रोशनी की आँधी

सत्ता की वे नहीं लालची
मनमोहन उनके मशालची

राहुल ने तब तजा अनिश्चय
नई रोशनी की गूँजी जय

जब राहुल दुल्हन लाएँगे
नई रोशनियाँ हम पाएँगे

बहन प्रियंका अलग सक्रिय हैं
वड्रा जीजू सबके प्रिय हैं

ये खुद तो हैं नई रोशनी
इनकी भी हैं कई रोशनी

यह जो पूरा खानदान है
राष्ट्रीय रोशनीदान है

एकमात्र इसकी सन्तानें
नई रोशनी लाना जानें

क्या इसमें है अब भी कुछ शक़
नई रोशनी है इसका ही हक़

जब तक सूरज चाँद रहेगा
यह न कभी भी माँद रहेगा

बीच-बीच में नई रोशनी के आए दीगर जादूगर
लेकिन इस अँधियारे को ही वे कर गए दुबारा दूभर

हर दफ़ा इसी कुनबे से गरचे है नई रोशनी सारी
फिर भी बार-बार यह अंधकार क्यों हो जाता है भारी?

उनकी ऐसी नई रोशनी में जीवन जीना पड़ता है
यह क्लेश कलेजे में ज़ंग लगे कीले-सा हर पल गड़ता है

क्या हमीं नहीं मिलकर खींचें अपने हाथों की रेखाएँ
पहचानें नित नई रोशनी सबकी, उसे ख़ुद लेकर आएँ?

विलोम

कहना मुश्किल है
कि हर वह व्यक्ति
जिसके लिए शोक-सभा की जाती है
उस शोक का हक़दार होता है भी या नहीं
जो शोक उसके लिए मनाया जाता है वह सच्चा होता है या नहीं
और जो उसके लिए शोक मना रहे होते हैं उनमें से कितने वाकई शोकार्त होते हैं
और कितने महज़ राहत महसूस करते हुए दुनियादार

बहरहाल जैसी भी रही हो उस एक ज़िन्दगी को डेढ़-दो घंटों में निपटा देने के बाद
दो मिनट का वह वक़्फ़ा आता है जब मौन रखा जाना होता है

मैंने अक्सर देखा है यह एक सौ बीस सेकंड
हर सिर नीचा किए या शून्य में देखते खड़े हुए शोकार्त पर भारी पड़ते हैं
लगता है तभी उनकी आत्मा का साक्षात्कार होता है दिवंगत और मृत्यु से
अपने भीतर की ख़ला से
तुम नहीं जानते थे कि मौत इतने लोगों को तबाह कर सकती है
वे कनखियों से देखते हैं कलाई या दीवाल घड़ियों को या आसपास खड़े अपने जैसे
लोगों को
या मंच पर खड़े खुर्राट पेशेवर शोकार्तों को
कि वे अपने शरीर की किसी भंगिमा से संकेत दें और अन्ततः सभा समाप्त हो
जबकि यह दो मिनट का मौन
उन्होंने मृतक के पूरे जीवन भर उसके कहे-किए पर रखा होता है
और अब जबकि वह नहीं रहा
तो सुविधापूर्वक बचे-खुचे इनके जीवनपर्यन्त रखा जाएगा

मेरे साथ यह विचित्र है कि
अगर किसी शोक-सभा में जाता भी हूँ
तो मंच पर और मेरे आसपास आसीनों को देखते हुए उन पर
और उनके बीच बैठे खुद पर और दिवंगत आत्मा पर बल्कि सारे ज़माने पर
लगातार खिलखिलाने या कुछ अभद्र कहने की असभ्य इच्छा होती रहती है
जिसे अपने निजी जीवन की चुनिन्दा त्रासदियों को सायास याद करके ही दबा पाता हूँ

मेरा शोक-प्रस्ताव यह होता कि
बहुत रख चुके
अब हम इस इनसान की स्मृति में एक सेकंड का भी मौन नहीं

बल्कि चुप्पी के सारे विलोम रखें और वह भी महज़ दो मिनट के लिए और
यहीं नहीं
यानी आवाज़ बात बहस ध्वनि कोलाहल शोरगुल रव गुहार आह्वान
तुमुलनाद बलवा
बग़ावत चारसू

उसी तरह

कुछ ऐसा है
कि मैं अकेली औरतों और अकेले बच्चों को
ज़मीन पर बैठे खाना खाते नहीं देख सकता
पता नहीं क्यों मैं एक अनाम उदासी
और दुख से घिर जाता हूँ
जबकि वे चुपचाप निवाले तोड़ते हुए या कौर बनाते
सारी दुनिया की तरफ़ पीठ किए हुए
एक अनाम दिशा में तकते जाने क्या सोचते अपना पेट भरते हैं
कभी-कभी एक आदिम लम्हे के लिए अचानक अपने आसपास देख
लेते हुए
मैं इतना चाहता हूँ कि वे मुझे अपने पास इतनी दूर पर इस तरह बैठने दें
जहाँ से वे मेरे चेहरे पर देख सकें कि मैं अपने मन में उनसे कह रहा हूँ
खाओ खाओ कोई बात नहीं

लेकिन मुझे मालूम है कि ऐसी किसी भी हरकत से
शान्ति से खाने की उनकी एकान्त लय में विघ्न पड़ेगा
और वे आधे पेट ही उठ जाएँगे

इसलिए मैं खुद को इसी भरम से बहलाकर चला आता हूँ
कि जहाँ ऐसी अकेली औरतें ऐसे अकेले बच्चे अपनी उस जून की कठिन
रोटी खा रहे होते हैं

वहाँ एक वाजिब दूरी पर जो कुत्ते बैठे हुए हैं किसी खुश उम्मीद में बेहद
हौले अपनी पूँछ हिलाते हुए
उनमें मैं भी शामिल हूँ अपनी वह बात कुछ उसी तरह कह सकने
के लिए

तीन पत्ते/पत्ती उर्फ़ फ्लश या फलास खेलते वक़्त बरती जानेवाली कुछ एहतियात

(कविवर्य नरेश सक्सेना को, जिन्होंने कॉलेज में एक बार अपनी कलाई-घड़ी इस तरह गँवा दी थी, 2012 के इस द्यूत-पर्व पर)

कमाई के लिए मत खेलो
दूसरे खेलते हों तो खेलने दो

अपनी पूरी पूँजी लेकर मत जाओ
कुछ कमरे पर छोड़कर जाओ कुछ ले जाओ
जिस जगह नाल कटती हो
वहाँ मत खेलो
हाँ मगर खेल के आख़िर में
स्टेशन पर बड़ी फजर गरम चाय-समोसे के लिए
कुछ पैसे जमा होते हों तो कोई हर्ज़ नहीं

न तो नशे में जाओ
न खेलते वक्त नशा करो
खेल के फ़ौरन बाद भी नहीं

जहाँ तक मुमकिन हो दोस्तों के साथ खेलो
हालाँकि इस खेल में दोस्तों-रिश्तेदारों का भी कोई भरोसा नहीं
नाबालिगों बालिशों को शामिल न होने दो
प्यारे लफंगों को ज़रूर बुलाओ

अजनबियों के साथ खेलने में कोई हर्ज़ नहीं
दो तीन दौरों के बाद वे समझ में आने लगेंगे
बहुत चुप या बहुत बोलनेवालों से होशियार रहो
वे मित्र हों या अपरिचित

गौर से सुनो क्या कहा जा रहा है
देखो कि कौन सी हरक़तें बार-बार हो रही हैं
बहुत बारीक मिलीभगतें भी चलती हैं इस खेल में
दोस्तियों-अदावतों के नाटक होते हैं

पहले से पूछ लो कि
सादा एक दो तीन बड़ा होता है या इक्का बाश्शा मेम
और कहीं दो तीन पाँच को तो रन नहीं मानते
ट्रेल के बाद क्या होता है
तीन इक्कों पर भी शो करा सकते हैं या नहीं
क्या कभी जोकर भी शामिल होते हैं
जहाँ शक हो पहले पूछ लो पत्ते देखने के बाद नहीं
हर फड़ के अपने कुछ टोटके होते हैं
तीन इक्के के सिवाय
सदा इक्के-बाश्शे और उसके बाद
किसी भी पेयर कलर रन फ्लैश तिरेल
का अपने आप में कोई मतलब नहीं होता
वे दूसरों के पत्तों के मुक़ाबले ही छोटे-बड़े साबित होते हैं

पत्ते फेंक देनेवालों से कहो कि वे बीच में
न तो बताएँ न दिखाएँ
कि उन्होंने क्या पैक किया है
बीच में बार-बार खेल छोड़कर जानेवाले से होशियार रहो

गड्डी को हर कुछ दौरों बाद बदल दो
नई निकलवाओ

वह पिछली से मिलती-जुलती न हो
बीच-बीच में पूरे बावन गिनवाते रहो
पत्ते लगाए तो जाते ही हैं छिपाए बदले और चुराए भी जाते हैं
हर चाल पर हर हाल में
एक लापरवाह चौकस निगाह रखनी पड़ती है

न अपने पत्ते दिखाओ न दूसरों के देखो
तीन इक्कों की मजबूरी के सिवा उधार माँगकर मत खेलो
या तो पत्ते फेंक दो
या शो करा लो
असली लुत्फ़ ब्लाइंड खेलने में है
चाहो तो दो-तीन बार कवर भी करो
लेकिन सामने वाले ने अगर बीच में अपने पत्ते उठा लिए हों
और चाल दे रहा हो
तो एकतरफ़ा जिद बेकार है तुम भी देख लो

लेकिन दो की लगातार चालों के बीच तीसरे तुम मत फँसो
ब्लाइंड हों या खुली हों
वह अक्सर एक फन्दा होता है

कोशिश करो कि बोट एक रुपए से ज़्यादा की न हो
तुम गलाकाटू जुआ खेलने नहीं आए हो
खेल को लत मत बनाओ
लालच टुच्चई बदी से बचो
खेलो भी और खेल तथा खिलाड़ियों से
लगाव-भरी दूरी भी बनाए रखो
एक निरभिलाष लीलायोग में
कुछ को तुम्हारा खेल अच्छा लगेगा कुछ को नहीं

औरतों और बच्चों वाली जगह में कभी न खेलो
अपरिचित निठल्ले तमाशबीनों को साथ मत बैठने दो

पहले से नहीं कह दिया हो
कि कितनी देर तक खेलोगे
तो जीतते भी रहो लेकिन उठना ही पड़े
तो साफ़ कह दो कि दस बाज़ियाँ और खेलोगे
जिसे जीतना हो जीत ले
हार चुके हो तो बिना उधार लिए
बचते हों तो दस-बीस जेब से बचाकर निकल जाओ
न जीतते वक़्त पत्तों से जिद करो न हारते वक़्त

उन्हें गिनो कि कहीं चार न आ गए हों
नफासत से पकड़ो
और एहतियात से पूरे देखो
ख़ास कर चिड़ी और कालेपान को और उसकी बेगम को
खेलने के ड्रामाई ढर्रे से बचो
संजीदगी से खेलने का
अपना तरीक़ा खुद ईजाद करो

दो-तीन दफे किसी वजह से न जा सको
और किसी दर्दी का फोन आए
भाईसाब कुछ गलती हो गई क्या
या कोई दिक्कत हो तो बताइए
आपके बिना खेल में वो लुत्फ़ नहीं आता

तो चले ही जाओ आख़िरकार
क्या तुम्हें भी अच्छा नहीं लगता
यह पत्तों का पिसना बँटना उठना देखा जाना
ईंट लालपान चिड़ी कालेपान के मुख्तलिफ छापे
इक्का बाश्शा बेगम गुलाम जोकरों के हर बार अलग चेहरे
जैसे किसी आश्चर्यलोक से
उनकी गंधी उनकी छुअन
जो उँगलियों के पसीने और कसावट से बासी होते जाते हैं

आसपास चेहरे पढ़ना चालें देखना समझना
वह उम्मीद वह मायूसी वह दोस्ती वह तनातनी वह खुशी का दुख
जो गल्ला बीच में पड़ा है सब उससे कहीं ज़्यादा

(अन्वेषक जगत्पति जोशी और दिवंगत ग्रेगरी लुइस पोसेल को)

हे वर्णमाला हे भाषा हे चित्रो हे प्रतीको
तुम्हारी तीन हज़ार वर्षों की कैसी यह हठधर्मी
कि तुम लज्जित नहीं होओगे अपने अर्थ के उद्‌घाटन से
तुमने बन्दी बना रखा है पूरी सभ्यता को जिस कारागार में
उसकी कुंजी तुम स्वयं हमारे हाथों में हो
किन्तु तुम हँसते हो हम पर कि हम तोड़ नहीं पा रहे तुम्हारा तिलिस्म

नहीं रहे तुम्हारे अनेक असफल व्याख्याकार
कई वृद्ध और सनकी और असहिष्णु हो चुके
कई माने गए विदूषक
तुम्हें स्वयं कैद किया जा चुका है कई किताबों में
वहाँ भी तुम आत्मसमर्पण नहीं करते

किन किन ज़ुबानों और इबारतों से बैठाए गए तुम्हारे रिश्ते
छान डाली गईं सारी सभ्यताएँ
देख डाले गए तमाम देश
यन्त्रों से गुज़ारे गए तुम्हारे सारे प्रस्तार और समुच्चय
किन्तु तुम हमें उसी तरह मूक उपहास में देखते हो
जैसे भाल पर पट्टिका बाँधे नक्षत्रवासी वह तुम्हारा समकालीन धर्म-राज
कदाचित्
या वह गर्वीली नर्तकी

और विस्तृत विश्व के प्रथम और एकमात्र संकेत-पट से गिरे

तुम दस चिह्नो--क्या इंगित करते हो तुम
क्या किन्हीं धवलवीरों के उस प्राचीन नगर या दुर्ग या भवन का नाम
या किसी प्रशासक का मुख्यालय
या तुम प्रवेश-सूचना उस देश में जो मेलुह्हा था या नहीं था—
वह भी तुम्हीं बतला सकते हो हमें--
जिसे पढ़ लेते थे निपुणता से केमेत सुमेर एलम अस्सुर अक्काद हित्ती
कुश पुन्त मगन दिलमुन के जलयात्री व्यापारी
या कोई चेतावनी कि कारीगरों कामगारों का प्रवेश वर्जित है

इतनी ज़िद क्यों
क्यों यह अपने साधकों अन्वेषकों को यह चुनौती
क्यों चाहते हो तुम कि तुम्हें
किसी पराई भाषा से ही समझा जाए
रेत के ढूहों के नीचे समुद्रों के तल में कहाँ खोजें उसे
कैसा यह अमर्ष यह प्रण यह संकल्प

छोड़ो यह गोपनीयता यह खिझानेवाला सम्मोहक रहस्य
विलम्ब तज दो अब
होने दो काल को निरवधि
मेरे पास अब उतना समय और धैर्य नहीं
अपने को पढ़ लेने दो मुझे
हे लिपि हे उच्चारो हे अर्थो!

आख़िरी

अन्तिम क्षण तक भी
तुम तक आता रहेगा वह
जिसे तुम कहना चाहोगे
जिसे तुम्हें कहना ही चाहिए

फिर भी तुम सोचोगे
अब इसे भी कहकर क्या हो जाएगा
तुम्हारी ज़ुबान कुछ भी कहने से
इनकार कर देगी
सिर्फ़ आँखें एकटक देखेंगी
अगर हुईं तो दूसरी मौजूद आँखों में
जहाँ एक बिल्कुल जुदा समझ होगी
और तुम इस आख़िरी उम्मीद की विडम्बना पर
मुस्कराना चाहोगे लेकिन जाने दोगे
क्योंकि इस वक़्त उसका भी बल्कि सब कुछ का
ग़लत समझा जाना तय है
कभी कुछ सही समझा जाता हो तब तो
बस जैसा है जैसा हुआ उसे तस्लीम कर लो
कैफियतों का अब वक़्त कहाँ
कितने मौक़े और चाहोगे या मिलेंगे
जब इसमें ही कुछ ख़ास हो नहीं पाया

आलैन

हमने कितने प्यार से नहलाया था तुझे
कितने अच्छे साफ़ कपड़े पहनाए थे
तेरे घने काले बाल सँवारे थे
तेरे नन्हे पैरों को चूमने के बाद
जूतों के तस्मे मैंने ही कसे थे
गालिब ने सताने के लिए तेरे गालों पर गीला प्यार किया था
जिसे तूने हमेशा की तरह पोंछ दिया था

और अब तू यहाँ आकर इस गीली रेत पर सो गया

दूसरे किनारे की तरफ़ देखते हुए तेरी आँख लग गई होगी
जो बहुत दूर नहीं था
जहाँ कहा गया था तेरे बहुत सारे नए दोस्त तेरा इन्तिज़ार कर रहे हैं
उनका तसव्वुर करते हुए ही तुझे नींद आ गई होगी

क़िश्ती में कितने खुश थे तू और गालिब
अपने बाबा को उसे चलाते देखकर
और अम्मी के डर पर तुम तीनों हँसते थे
तुम जानते थे नाव और दरिया से मुझे कितनी दहशत थी

तू हाथ नीचे डालकर लहरों को थपकी दे रहा था

और अब तू यहाँ आकर इस गीली रेत पर सो गया
तुझे देखकर कोई भी तरद्दुद में पड़ जाएगा कि इतना ख़ूबरू बच्चा
ज़मीं पर पेशानी टिकाए हुए यह कौन से सिजदे में है
अपने लिए हौले-हौले लोरी गाती और तुझे थपकियाँ देती
उन्हीं लहरों को देखते हुए तेरी आँखें मुँदी होंगी
तू अभी भी मुस्कराता-सा दीखता है

हम दोनों तुझे खोजते हुए लौट आए हैं
एक टुक सिरहाने बैठेंगे तेरे
नींद में तू कितना प्यारा लग रहा है
तुझे जगाने का दिल नहीं करता

तू ख्वाब देखता होगा कई दूसरे साहिलों के
तेरे नए-नए दोस्तों के
तेरी फ़ूफ़ी तीमा के

लेकिन तू है कि लौटकर इस गीली रेत पर सो गया
तुझे क्या इतनी याद आई यहाँ की
कि तेरे लिए हमें भी आना पड़ा

चल अब उठ छोड़ इस सर्द रेत के बिछौने को
छोड़ इन लहरों की लोरियों और थपकियों को
नहीं तो शाम को वह तुझे अपनी आग़ोश में ले जाएँगी
मिलें तो मिलने दे फ़ूफ़ी और बाबा को रोते हुए कहीं बहुत दूर
अपन तीनों तो यहीं साथ हैं न
छोड़ दे ख्वाब नए अजनबी दोस्तों और नामालूम किनारों के
देख गालिब मेरा दायाँ हाथ थामे हुए है तू यह दूसरा थाम
उठ हमें उनींदी हैरत और ख़ुशी से पहचान
हम दोनों को लगाने दे गले से तुझे
आ तेरे जूतों से रेत निकाल दूँ
चाहे तो देख ले एक बार पलटकर इस साहिल उस दूर जाते उफ़क को
जहाँ हम फ़िर नहीं लौटेंगे
चल हमारा इन्तिज़ार कर रहा है अब इसी ख़ाक़ का दामन

उनसे पहले

किसानों मजूरों की आत्महत्या की ख़बरों से
मुझे भी हैरानी होती है
कि जब उन्हें ख़ुदकुशी ही करनी है
तो वे राजस्व अधिकारियों साहूकारों बैंकरों कम्पनी मालिकों मैनेजरों
अखबारों चैनलों के संचालकों पत्रकारों दीगर बुद्धिजीवियों
अध्यापकों रचनाकर्मियों धर्मगुरुओं पुलिसवालों न्यायपालों
नेताओं अपराधियों विधायकों सांसदों मंत्रिमंडलों में से
कम से कम एक असली गुनहगार को मारकर क्यों नहीं मरते

फिर मुझे भान हुआ
और अपनी चमड़ीचोर शर्म में मैं चुप रहा
कि कब गया मैं उनके बीच
किताबों सिद्धान्तों घोषणापत्रों सदस्यताओं का वे क्या करते

कहाँ बताया मैंने और मुझ सरीखों ने उन्हें
कि अभी भी उनमें कितनी ज़िन्दगी और हिम्मत बाक़ी है
किसने कहा उनसे कि कुदाल फावड़ा गेंती हल बक्खर
और अपने शरीर तक को बनाया जा सकता है हथियार —
ऐसा कहा गया होता तो शायद उनकी मौत की नौबत ही न आती —
कहाँ मदद की उनकी हम जैसों ने उनके दुश्मन पहचानने में
कब किया आगाह कि हममें भी उनके बैरी हो सकते हैं
कि श्रद्धा सबर दीनता धरम से आख़िरकार कुछ हासिल नहीं होता
कि जब मौत के सिवा कोई रास्ता ही न रहा
तो चलो किसी अन्यायी को भी साथ लिए चलते हैं

लेकिन हैसियत और क़ूवत क्या थी और है मुझ सरीखों की
खुद अपने ही प्रेत हैं अब पछतावे में मुक्ति खोजते भटकते हुए
हम जैसे तो कभी की आत्महत्या कर चुके

दूरियाँ

वह बहुत सर्दियों की रात थी
और उन दिनों मेरी एक आदत
अपने आठ बैंड के पोर्टेबिल सोवियत ट्रांज़िस्टर रेडियो को
बहुत धीमे चलाकर
उसे भी लिहाफ़ में साथ लिए सोना थी

कोई सिम्फ़नी थी या कोंचेर्तो
कम्पोज़र ऑर्केस्ट्रा और कंडक्टर कौन थे
बयालीस बरस बाद कहाँ याद रहता है
लेकिन शॉर्ट वेव पर हमेशा की तरह
संगीत कभी बहुत दूर जाकर जैसे उड़ ही जाता था
कभी लौटकर एकदम स्पष्ट

दुहरी बन्द खिड़की से भी जिस तरह की
खुसफुसाहट सुनाई दे रही थी
उससे साफ़ था कि बाहर बर्फ गिर रही है

नींद नहीं आ रही थी मुझे
मैं उस देश उस शहर उस कमरे से बहुत दूर था
जहाँ सत्तावन सौ किलोमीटर परे सूरज उग चुका था
और मेरे लिए उदास दो प्राणी थे

मैंने उसे देखा
सुन्दर औरतों की तरह सोते हुए
वह और भी खूबसूरत दिख रही थी

हज़ारों मील दूर से आता संगीत
ढाई बजे रात को गिरती बर्फ़
कहीं होती सुबह
मेरे क़रीब सोई हुई वह

आप सोती हुई औरत को यूँ ही नहीं देख सकते
रिवायत है कि उसे चूमना ही पड़ता है
सो उसके कान पर होंठ रखे मैंने

वह कुनमुनाई
अधमुँदी आँखों से मेरी तरफ़ मुस्कुराकर
फिर सो गई

और बारह सौ मील दूर से आता उभरता डूबता संगीत
ढाई बजे रात को फुसफुसाती गिरती बर्फ़
कहीं और पैंतीस सौ पचहत्तर मील दूर होती सुबह
जहाँ शायद मुझे याद करते दो प्राणी
मुस्कुराकर फिर सो चुकी वह
इन सबके साथ जागता रहा मैं

बरअक्स

एक आईना है
जिसके सामने खड़ा हूँ

न आईने पर भरोसा करना चाहिए
न अपनी आँखों पर
पर दोनों जैसे हैं वैसे हैं
वही दिखाते देखते हैं जो
वह दिखा देख सकते हैं

शुरू में मैं उसी तरह दीखता हूँ
जैसा कि हूँगा

फिर कपड़े नहीं रहते
उम्र बढ़ती है
बाल दाँत गिरते हैं
ढीली पड़ जाती हैं कभी सख़्त रहने वाली माँसपेशियाँ
बदन झुर्रियों सफ़ेद रोमों से ढँक जाता है

आईने अतीत में जाकर
युवतर नहीं बनाते
वह हमेशा भविष्य की ओर बढ़ते हैं

फिर अक्स में
कभी पूरी त्वचा उधड़ जाती है
लहू टपकना बन्द हो जाता है
मांस अपना रंग खो देता है
नहीं रहता
सिर्फ़ एक कंकाल नज़र आता है

मेरे पुराने बहुत से रूप दिखने लगते हैं
कभी भयावह कभी कोमल
मेरे बहुत सारे व्यक्तित्वों के अक्स होते हैं वह
जिन्हें मेरी त्वचा मेरी देह सामने नहीं आने देते थे
मेरा अन्दरूनी बहरूपिया

देखता-दिखाता जाऊँगा यह
जाती-आती दर्पण की पट्टियाँ
आत्म-प्रस्तुतियाँ ख़ुद को

कभी तो समाप्त होगा यह स्व-प्रदर्शन

संकेत

चक्राकार घूमती हुई किन्हीं भी वस्तुओं को गिनना कठिन है
विशेषत: यदि जाती ठंड की शाम हो
और वह वृक्ष के तने के पास
एक चलायमान पहिए की छोटी आकृति में
परिक्रमा करते हुए जुगनू हों

उस आदमी ने कई बार जुगनुओं को देखा था
समूहों में भी
एकाध बार उन्हें एक डिब्बे में छेद कर देर तक बन्द भी रखा था
अँधेरे घर में उनका जगमगाना देखने के लिए
लेकिन यह व्यूह अभूतपूर्व था

फिर एक उनसे अलग हुआ
उस आदमी की बाँह पर उड़ते हुए बैठने के लिए

जैसे उसे खींचता हो
दो बार जगमगाया और यूँ लौटकर मिल गया
कि उसे अलग पहचान पाना पूर्ववत् असम्भव हो गया
अपने वर्तुल मंडल में
जो अब भी लगभग वहीं प्रदक्षिणा कर रहा था
मानो उसके लिए रुका हो

फिर वह उसी तरह उड़ते हुए आगे बढ़ गए
बिना रुके बिना मुड़े
इतने दूर कि उनका दिखना कठिन हो गया
शायद उन्होंने सुन लिया या सुनना नहीं चाहा
जो उस आदमी ने मन ही मन उनसे कहा

हाँ लगता है मैं समझ गया जो तुम कहने आए थे
लेकिन इतने अचानक कि इसी लम्हा मेरी तैयारी नहीं है
बस मैं आ ही रहा हूँ तुम्हारे पीछे पीछे तुम्हारे सहारे
मेरे लिए कोई भी एक जगह रखना
तुम्हारा यह आवर्त मेरे बस का नहीं
लेकिन इतने हों तो एक की खामियाँ छिपा ही लेते हैं
और फिर उसके बाद कहीं रुकना या लौटना तो है नहीं

सुन्दरता

एक बहुत सुन्दर चिड़िया
न बहुत छोटी न बड़ी
आम की बौराई डाल पर बैठी हुई
जिसे देखते रहने का दिल हो

एक बहुत सुन्दर तितली
न बहुत छोटी न बहुत बड़ी

शाख की बौरों पर मँडलाती बैठती उड़ती
जिसे हथेली पर बैठाने का दिल हो

क्या चिड़िया में इतना सम्मोहन था
या अपने गहरे रंगों से
बौरों और डालियों में वह इतनी यकसार हो गई थी
कि तितली उसे देख न सकी
जबकि चिड़िया उसके चटख रंगों
और मँडलाने को शायद एकटक देख रही होगी

चिड़िया और तितली अब ऐसे दीख रहे थे
जैसे परस्पर एक असम्भव चुम्बन में
दोनों परस्पर मुख छोड़ना न चाहते हों
तितली के पंख वस्त्रों की तरह फिसल
नीचे पत्तियों के तल तक तिरते गए
उसका थरथराता शरीर चिड़िया की जीभ से
आत्मसात् हुआ

तृप्ति के बाद चिड़िया संयत हुई
फिर उसने जो गाया वह
उसकी सुन्दरता जैसा ही सुन्दर था
उसमें पराग और मधुर मधु थे उस काल

साँझ हो रही थी
डूबते सूरज को वह कब तक बैठी देखती
उसे लौटना था अपने वृक्ष पर अपने नीड़ को
जहाँ किसे पता कौन-कौन
उसकी प्रतीक्षा कर रहा होगा

लौट पाती यदि शाम को तो वह तितली कहाँ लौटती ?
क्या वहाँ उसकी बाट जोही गई होगी ?

दूसरी तितलियों का यह सोचने-कहने का ढंग कैसा होता होगा कि
वह नहीं आई अभी तक?

नीचे अपनी बाँबी में ले जाती हुई लाल चीटियों से छुड़ाकर
एक बच्ची ने अलबत्ता सहेजकर रखे अपनी किताब में
दो वह सुन्दर चटख पंख जब तक वह बचे

कल्पनातीत

कल्पनातीत था वह दृश्य मेरे लिए भी

बारिशों के बाद इस मैदान में बची रह जाती है ऊँची घास
मालूम नहीं था कि सुबह-सुबह उसे चरने
बकरियों का कोई रेवड़ भी आता होगा
मुख्यत: तो माँएँ और कुदक्कड़े मारते उनके छौने
लेकिन दो-तीन इस बेवक़्त बुकलाते हुए बदमाश बकरे भी
बकरिहा कोई नहीं

एक कतार में इधर-उधर मुँह मारते हुए
जब यह झुंड कुछ खाई-कुछ रौंदी जा रही
ओस-भीगी घास में घुसा तो
कहाँ छिपा हुआ था पीली तितलियों का वह हुजूम
जो फड़फड़ाकर जैसे जागा
और जहाँ-जहाँ बकरियाँ घास को दाँतों से कुतर रही थीं
और पायों से खूँद रही थीं वहाँ बैठने
कुछ पीकर फिर बकरियों पर मँडलाने लगा
तुमने गौर किया है जब तितली कुछ पीती है
तो उसके पंख कितने हौले से खुलते और बन्द होते रहते हैं

जैसे-जैसे बकरियाँ आगे बढ़ने लगीं
पीली तितलियों का झुंड बढ़ता गया रफ़्तार और तादाद में
कहना मुश्किल था कि दोनों में से कौन ज़्यादा खुश था और खिलंदड़
अलबत्ता यह ज़रूर लगता था कि तितलियाँ अगर बकरियों को उठाकर नहीं
तो चराने बेशक ले जा रही हैं
बहुतेरी तो उनकी पीठ पर बैठ-बैठ जाती थीं
उगते सूरज की लम्बी ललछौंही धूप में
जो घास पर ओस की बूँदों को पारे के इन्द्रधनुषों में बदल रही थी
तितलियों और बकरियों के बदलते रंगों का वर्णन नहीं किया जा सकता
यह मंज़र उस जापानी डायरेक्टर की
किसी अनदेखी फ़िल्म से लिया गया लगता था

सुन्दर से सुन्दर हो कोई भी नज़ारा पायदार नहीं रह पाता
जहाँ तक घास थी बकरियाँ उससे आगे निकल गईं
जिधर उन्हें आम से झरी हुई पत्तियाँ मिलने वाली थीं
तितलियाँ लौट गईं सूरज के ऊपर उठ आने तक
लम्बी घास की अपनी हिफ़ाज़त में
फिर तो उन्हें हर फूल पौधे पेड़ को चखना ही है

पता नहीं कल सुबह मैं उठूँगा और यह रेवड़
यहीं से गुज़रेगा या नहीं
क्या बकरियों के आने के सपने देखती होंगी घास में सोई तितलियाँ
जिस पर कल भी ओस होगी
प्रात: नभ होगा नीला शंख जैसा कि
सूरज को उतना ही ललछौंहा उगने को मिले
क्या आम की डगालों से पत्ते कल भी झरेंगे

अभी तो इतना जानना काफ़ी था
कि जब बकरियाँ घास को खाती-खूँदती आती हैं
तो उसमें छिपी सोई हुई तितलियाँ फड़फड़ाकर जागती हैं

उनके सपनों से
घेर लेती हैं अपनी मुहसिनों को
इतनी हो जाती हैं कि लगता है
छौने छलाँगें नहीं मार रहे
वह उन्हें हौले-हौले खदेड़ रही हैं उठा ले जा रही हैं
जैसे गरुड़ ऐरावत को
यकीन नहीं आ रहा है कि
ऐसा मंज़र कभी देखा भी जा सकता था

किन्तु

हाँ शून्यमदः शून्यमिदम् शून्यात् शून्यमुदच्यते
शून्यस्य शून्यमादाय शून्यमेवावशिष्यते
यही संशोधन सत्य हो कदाचित्
किन्तु क्या है तुममें
यह अहेतुक स्नेह यह समवेदन
यह करुणा
अन्याय से लड़ने का इतना हठ
और भी ऐसा बहुत कुछ
जो इस अन्ततः सारे शून्य को शून्य मानने से
रोकता है तुम्हें

झूठे तार

वह क्लास में अक्सर बिना तैयारी के जाता था
इसमें कोई अहंकार न था
अचानक सबक में कुछ
अप्रत्याशित आ जाने की उत्सुकता थी

जूलिअस सीज़र में जब ब्रूटस का किशोर ग़ुलाम लूसिउस
उसे संतूर बजाकर सुला रहा होता है
तो बीच में उसे ही झपकी आ जाती है
और जब उसका मालिक कहता है
कि उठ लूसिउस ख़ामोश क्यों हो गया साज़
तो उसने लैटिन में जो जवाब दिया होगा
शेक्सपिअर अपनी अंग्रेज़ी में कहता है
'द स्ट्रिंग्ज़, माइ लॉर्ड, आर फ़ाल्स'
और हम अपनी ज़ुबान में समझते हैं
'तार बेसुरे हो गए हैं आला हज़रत'

क्लास में जैसे उस पर गाज गिरी
यह है ब्रूटस जो सीज़र के ख़िलाफ़
बग़ावत करने के बाद
लगातार अकेला पड़ता गया है
शिकस्त-दर-शिकस्त का सामना करता हुआ
उसकी सच्ची सरकशी झूठी साबित हुई
और फिर आती है क़ैसर की रूह

तो ऐसा होता था शेक्सपिअर
छः सादा अलफ़ाज़ में ज़िन्दगी का
ख़ुलासा देता हुआ

और अंग्रेज़ी के युवा लेक्चरर को
कुन्दनलाल के स्वर याद आए
बिगड़े काठ से काम बने क्या
न मेघ बजता है न मल्हार
पंचम मध्यम में
खरज निकलता है गंधार में

जीवन बीन मधुर न बाजे
झूठे पड़ गए तार बीन के
झूठे पड़ गए तार

कहाँ से कहाँ का सफ़र था वह
कौन से मानी खुल रहे थे यहाँ

पूरी फर्स्ट इअर क्लास हैरत से तक रही थी उसे
उसकी आँखें उन छः शब्दों पर पथराई हुई
और उसने हर लड़के और लड़की को जैसे
एक सवाली की तरह देखा
किसे बताए वह इन अलफ़ाज़ के वह मानी
जो उसने उसी वक़्त समझे
और किस तरह

स्टाफ़-रूम में लौटने से पहले
अपने हर विद्यार्थी को
फिर भी समझाया उसने किसी उम्मीद में
लेकिन जो शायद अभी तैयार न थे

सुबह की क्लासों का वह दूसरा पीरियड था
उसके हमज़बाँ शरीक आए न थे सो बैठा रहा वह
गूँगे के गुड़ की छटपटाहट में

तार झूठे पड़ गए हैं
तब से आरजू लखनवी नहीं
कोई और भी लगातार कहता है उससे
कभी लगता है वह ख़ुद ही कहता रहा है ख़ुद से

और कुन्दनलाल गाता है
इन तारों को खोलो
इन तरबों को फेंको फेंको
उत्तम तार नई तरबें हों
तब हो नया सिंगार
उन तरबों से जो सुर बोले
गूँज उठे संसार

किस से खुलें तार
कौन फेंके तरबें
कहाँ से आएँ उत्तम तार नई तरबें
कैसा हो नया सिंगार
कैसे हर सुर बोले मद्धम
कब गूँजे संसार

स्थायी पर लौटते हैं
तीनों एक साथ
कुन्दनलाल आरज़ू और शेक्सपिअर
और तुम लूसिउस में
बार बार

सो तो नहीं जाओगे
कब बदलोगे
बदल पाओगे भी
कूच नगारे के बजने
और अपनों-परायों सबसे छुटकारे से पहले
बीन के यह झूठे पड़ गए तार

बजाए-ग़ज़ल

(शमशेर से मुतास्सिर एक ज़ाती हिमाक़त)

जो न झेले हरेक वार सीने पर
हज़ार लानतें हों ऐसे जीने पर

दिले-मजलूम को रफू न कर पाए
वो क्या फख्र करे अपने ज़ख्म सीने पर

नहातीं मजदूरनें पखारें एड़ियाँ जिससे
वो ठीकरा भारी है हर नगीने पर

हर कोई निराला हो नहीं जाता
लाख कड़ी मारें पड़ें सीने पर

ताउम्र पोंछती रही है अपने पल्लू से
तमाम शाइरी कुर्बान उस पसीने पर

कहीं मुझसे उनका बदन न छिल जाए
दीवार से सट के वो यूँ चढ़ते हैं जीने पर

हमें गाड़ी बदलनी थी बीना में
चढ़ी हुई थी उतर पड़े बबीने पर

निकलने हैं जिससे झूठे बुतो-फतवे
क्यों हो ग़ारत उस ख़ूनी दफीने पर

नाख़ुदाओ बाज़ आओ तकरारो-बग़ावत से
टूटा चाहते हैं बर्को-तूफ़ाँ इस सफ़ीने पर

जो भूखों-बेघरों से उनके हक छीने
कभी रहम न हो उस निज़ामे-कमीने पर

बदन से उसके गमकता है जो अब तक
मैं रहा मस्त उसी इत्र भीने-भीने पर

कहीं से किसी मुआवजे की उम्मीद नहीं
ढूँढ़ता हूँ नया पठान हर महीने पर।

तुम्हें

इस देश में जब कुछ लोग
एक आदमी को घेरकर
सरेआम मार रहे होते हैं
उसे गालियाँ देते हुए
तो दूर खड़े देखते हुए
तुम यह न समझो कि यह सब
सिर्फ़ उस लहूलुहान अकेले आदमी पर
गुज़र रही है

दरअसल वह तुम्हें ही नहीं
बल्कि वहाँ देखते खड़े
हर तुम जैसे आदमी को
खुली-से-खुली गालियाँ दे रहे होते हैं
उनके वह हाथ हथियार लात जूते
तुम जैसे हर चुप आदमी पर भी
चल रहे होते हैं

अलबत्ता जाने से पहले
जो चेतावनी गालियों के साथ
वह सीधे-सीधे देकर जाते हैं
वह बेशक़ तुम्हारे लिए ही होती है
और तुम्हारे साथी के लिए भी
अगर कोई हुआ तो